Puissance publique
contre les démolisseurs d'État

Collection *Monde en cours*
créée par Jean Viard

Ouvrage édité par Manon Viard,
dans le cadre d'une coédition
dirigée par Laurent Cohen et Jérémie Peltier

www.editionsdelaube.com

ISBN 978-2-8159-6560-6

« Pour qu'on ne puisse abuser du pouvoir, il faut que, par la disposition des choses, le pouvoir arrête le pouvoir. »

MONTESQUIEU, *De l'esprit des lois*

Préambule

Principaux instruments d'action de la puissance publique, les services publics sont une notion à la fois précise et floue, mouvante, objet de batailles politiques et sociales. La manière dont nous les traitons et les maltraitons relève de choix et de rapports de force.

Le juriste français en droit public Léon Duguit (1859-1928) considérait ainsi que le processus de civilisation implique une extension des « activités susceptibles de servir de support à des services publics ».

Cet ouvrage porte un propos général sur l'action publique, éclairé par des exemples qui empruntent à différents secteurs et à plusieurs échelles d'action.

D'autres notions et outils de la puissance publique sont décortiqués au fil de cet essai : les dépenses publiques, les politiques publiques, les aides publiques, les équipements publics, les lieux publics, la fonction publique, l'action publique…

Interroger nos services publics, c'est questionner le rapport à l'État, et sa place, par rapport au marché d'un côté, par rapport à la société civile de l'autre. Le concept d'État est utilisé dans cet essai dans une large acception, comme synonyme d'intervention publique, quels qu'en soient l'acteur, le périmètre ou les modalités, et sans se limiter aux seules interventions de l'État central ou déconcentré.

Qui détermine l'intérêt général ? Qui est le plus légitime à endosser les missions qui en découlent ? Quel chemin avons-nous parcouru ? Quelles perspectives s'offrent à nous ?

Autant de questionnements que nous tenterons d'éclairer dans le brouillard et la confusion ambiants.

Introduction

Avril 2024. Je suis en week-end en Suisse pour rendre visite à un proche. Le samedi après-midi, nous parcourons les rues jusqu'à nous trouver au pied de la cathédrale de Lausanne, sur les hauteurs de la ville.

Nous pénétrons à l'intérieur de l'édifice qui s'impose. Mon attention est immédiatement attirée par une grille verticale, de celles que l'on utilise pour les expositions. Elle est située à proximité de l'entrée, dans un recoin, sur la gauche, mais bien visible. Peut-être un détail pour d'autres. L'essentiel se joue pourtant là : « Visiteurs, inscrivez ici vos intentions de prière : un nom, une demande… »

Des post-it. Rose, orange, jaune fluo. L'Esprit startup.

Quelques mots, rédigés à la main :

« Seigneur protégez SVP César et Gaspard dans leur chemin qu'ils vont choisir. »

« Que Emma réussisse médecine et soit épanouie dans la vie. »

« S'il vous plaît, protégez nos enfants. Merci [1]. »

Protection, réussite, épanouissement, chemin, vie, parcours, enfants… comme une forme de résonance. Encore aujourd'hui, qu'est-ce qui peut bien conduire des individus à s'en remettre à la grâce divine plutôt qu'à la société des

1. Les phrases sont retranscrites fidèlement par l'auteure.

mortels, pour répondre à nos vulnérabilités, à nos angoisses existentielles, à nos petites et grandes espérances ? La fatalité ? Le besoin irrépressible de croire ? La déception face au réel ? Ou une véritable lucidité ?

Quand les soignants nous manquent, quand le téléphone des administrations sonne dans le vide, quand les guichets sont fermés, quand les seuils pour accéder aux aides sont dépassés, quand le système éducatif trie les jeunes, quand le narcotrafic défie la police, la gendarmerie et la justice, qui peut encore nous aider ? Est-ce que quelqu'un maîtrise la situation ?

Nous n'avons jamais été aussi possiblement libres et en même temps subjectivement enfermés dans nos trajectoires individuelles et nos déterminismes. Le projet n'est plus « *le changement dans la continuité* », mais « la continuité dans le changement » : tout va très vite, mais on fait du surplace, au risque de la chute. À qui faire confiance ?

L'État-providence a été fragilisé. Mais nous a-t-il toujours protégé ? La « religion du service public[1] » qui avait accompagné la politique de sécularisation républicaine de la société française, en prenant en charge des missions autrefois dévolues à l'Église et aux femmes (l'éducation, le soin), a aussi perdu des adeptes. Nos services publics ont été désacralisés, banalisés, comme s'ils étaient des services comme les autres, destinés à des consommateurs insatiables et exigeants. Leur rationalisation, leur simplification, leur optimisation, leur débureaucratisation tiennent désormais lieu de dogme universel contemporain. La religion du marché aurait-elle tout supplanté ?

1. Vida Azimi, « Le service public », in Christophe Prochasson, Vincent Duclert (dir.), *Dictionnaire critique de la République*, Paris, Flammarion, 2007, p. 250.

Que nous est-il encore permis d'espérer ?

La « crise » des services publics, ou ce qui est présenté comme tel, participe du malaise identitaire que nous traversons en France et ailleurs. Notre rapport à l'avenir s'est assombri. Nous ne savons plus en parler que sous le signe de la carence, du dysfonctionnement, du déclin, de l'abandon. Ce qui faisait autrefois notre fierté nous fait désormais honte. Ce qui nous unissait nous divise. Il n'y a plus guère de destin commun que celui du chacun pour soi, de la débrouille ou du repli. Où sont passés les grands récits républicains et les promesses d'émancipation ?

Au moment où disparaissent les derniers résistants, certains ont la nostalgie du Conseil national de la Résistance, de sa grande épopée d'une France redressée, ambitieuse, exhibant son modèle social au monde entier. Cette France était-elle plus riche qu'elle ne l'est aujourd'hui ? Elle était en lambeaux, traumatisée, endettée. Mais un projet commun de société soudait la nation entière. La réconciliation était rendue possible par l'édification d'une puissance publique portée par des valeurs, des politiques publiques, des institutions, une ambition démocratique et de grands serviteurs de l'État. Le pouvoir économique était remis à sa place. Le retour de l'ordre et de l'autorité était d'abord un projet de société. Il était celui de la république et du progrès.

Qu'avons-nous fait à nos services publics ?

Ce n'est pas l'histoire d'une inaction. C'est l'histoire d'une impuissance. Politique. Publique. Citoyenne. Impuissance qui nourrit les populismes. C'est l'histoire d'une dépossession démocratique.

Depuis des décennies, des intellectuels, des politiques, des syndicalistes et des agents publics n'ont eu de cesse de documenter les dérives et de proposer d'autres voies. En vain. Depuis la pandémie de Covid-19, le réveil est brutal. Les essentiels tiennent encore vaillamment les premières lignes, mais jusqu'à quand ? La grande démission s'ajoute à la crise d'attractivité et à la pénurie généralisée de main-d'œuvre dans les différents secteurs de notre économie. Pourtant, les services publics résistent. Ils se réinventent. Ils prennent de nouvelles formes. Le dévouement des agents comme celui des élus locaux font tenir l'édifice. Mais tous ces acteurs fatiguent. Ils portent à bout de bras un système ébranlé.

Nous ne cessons de dire que nos services publics sont importants, qu'ils sont « notre patrimoine commun », tout en ne cessant de les enfoncer chaque jour davantage. Le désir de services publics est toujours vivace. Plus de sept Français sur dix déclarent que leur état occupe une place importante dans leur vote[1]. Les cahiers de doléances noircis par des millions de Françaises et de Français sont remplis d'attentes et d'espoirs à l'égard de la puissance publique. La déception est à la mesure de l'espérance qu'ils ont suscitée.

L'âge d'or des services publics n'est plus. A-t-il seulement existé ?

Nous avons renoncé à faire des services publics le grand projet de transformation de notre société. Les services publics sont désormais cantonnés au mieux à accompagner les grands bouleversements de notre temps. Ils sont devenus les alliés

1. « Les inégalités d'accès aux services publics en France et l'impact sur le vote », sondage OpinionWay pour Le Sens du service public, 2025.

objectifs des forces du marché, sommés de gérer les effets de bord de dynamiques de fond toujours plus inégalitaires et dévastatrices, tout en maintenant un semblant de cohésion pour garantir la pérennité du système.

Nous parlons pourtant des services publics comme s'ils étaient déconnectés du reste, comme une solution magique pour les uns, comme un souvenir mélancolique pour les autres, comme si nous pouvions traiter le sujet de manière consensuelle, sans trop déranger l'ordre établi.

Plus personne aujourd'hui ne propose de vision d'ensemble de l'action publique. Les annonces et les plans d'action se succèdent. Des millions et des milliards sont affichés. Des recrutements sont promis. Le politique se met à l'abri. Il accuse la « bureaucratie ». Il défend son bilan. Il se gargarise de lui-même : « Regardez tout ce que nous faisons. Jamais aucun gouvernement avant nous n'en a fait autant pour l'hôpital, l'école, la justice… » La réalité raconte une autre histoire. La parole politique sonne faux. La défiance grandit.

Où allons-nous ?

Chaque jour, la presse régionale relaie les mobilisations locales : la menace de fermeture d'une classe à Naves (Corrèze), la fin d'activité de la maternité d'Autun (Saône-et-Loire), la dégradation de la prise en charge aux urgences l'été (Vaucluse)… Des comités de défense des services publics s'organisent. Des parents d'élèves se mobilisent. Des élèves manifestent. L'incompréhension gagne du terrain. Pourquoi nous ? Pourquoi ici ?

Nous devons aussi faire œuvre d'honnêteté. En tant que citoyens, usagers, contribuables, résidents, nous nous retrouvons face à nos contradictions, quand nous n'utilisons plus ou quand nous utilisons moins certains services publics, comme c'est le cas avec la poste. Les besoins n'ont pourtant pas disparu, ils ont juste évolué.

Les difficultés que nous rencontrons ne sont pas propres à la France. Elles sont autant liées à l'évolution accélérée et désorganisée de nos sociétés qu'à la propagation d'une même idéologie autodestructrice.

Le service public a-t-il encore du sens et un avenir ?

Si tout ne va pas mal, il ne sera pas question ici d'affirmer avec candeur que « tout est pour le mieux dans le meilleur des mondes possibles », mais de s'essayer à la nuance, de repérer les lignes de force, de préserver ce qui marche, de mettre à nu les signaux faibles qui passent sous les radars. En somme, de retrouver des raisons d'espérer.

Loin de l'image poussiéreuse, inefficace, déshumanisée qui en est largement donnée, le service public n'a eu de cesse de se questionner et de se réinventer. C'est au fondement même de son ADN : s'adapter aux besoins de la société.

L'indignation et la dénonciation saturent désormais l'espace du débat public. Nous ressassons sans cesse les mêmes constats. Nous nous en repaissons dans une atmosphère devenue morbide et anxiogène. À force de crier au loup, nous en venons à discréditer la capacité du service public et du politique à résoudre les problèmes quotidiens et à préparer l'avenir. La recherche de compromis et la co-construction de solutions réellement efficaces pour traiter les problèmes, sans en générer de nouveaux, n'attirent pas les foules. Les injonctions répétées au « on n'a qu'à recruter » ou au « on n'a qu'à payer mieux » trouvent rapidement leurs limites. Cela ne suffira pas.

Je suis d'ailleurs souvent frappée du décalage entre le catastrophisme des diagnostics et la faiblesse des solutions proposées, qui alimente l'inquiétude générale. L'abattement qui nous gagne est un véritable carburant du ressentiment. Il fait le lit du populisme d'extrême droite, qui prospère sur nos peurs et nos frustrations, tout en présentant le visage du parti de l'intérêt général, promettant reprise en main des affaires du pays et retour de l'autorité. Mais de quelle autorité parlons-nous ?

Le marché-providence est en embuscade. Pire, il monte au front comme rarement auparavant. Le libéralisme économique le plus vorace, le libertarianisme, et l'autoritarisme politique, font bon ménage. Ils ont le vent en poupe. Le messianisme contemporain provient des forces de l'argent. L'image du Sauveur est celle du riche entrepreneur, qui doit pourtant sa fortune à la commande publique et aux financements publics. Les entreprises-État déploient des prérogatives de puissance publique en matière de défense (matériel militaire), d'information (médias et réseaux sociaux), d'infrastructures de réseaux, de monnaie, d'accaparement de l'espace public et des biens communs…

De Javier Milei en Argentine à Donald Trump aux États-Unis, la déconstruction de l'État est en marche, au profit de l'intérêt privé de quelques-uns, par la mobilisation des instruments de la puissance publique. Il ne faudrait pas croire la France imperméable à ces dérives. Gérer l'État comme une grande entreprise privée s'installe comme une évidence. Certains en appellent déjà ici à un « Milei français[1] ». Les agents et organes publics servent à nouveau de diversion et de boucs émissaires face à la situation actuelle de nos finances publiques.

1. À l'image d'Éric Ciotti sur Sud Radio en octobre 2024 ou de l'économiste Olivier Babeau le 28 octobre 2024 sur le réseau social X « Il est évident que la seule chose qui nous sauvera, c'est un Milei français ».

La violence du choc génère l'apathie et la stupéfaction. La tentation du déni nous guette. C'est la technique du cheval de Troie : s'emparer de l'État pour l'assaillir et l'asservir. L'histoire n'est-elle vouée qu'à se répéter, en pire ?

C'est une véritable guerre idéologique, qui s'embarrasse peu de rigueur intellectuelle et se contente d'asséner du matin au soir les mêmes mantras : « trop de fonctionnaires », « trop de dépenses publiques », « trop d'impôts », « trop de dette », « trop de bureaucratie », « trop d'immigrés »… Une entreprise de décrédibilisation de l'intervention publique par nature qui sature l'espace médiatique et pénètre l'opinion publique. La déformation sémantique et l'exagération du récit ne disent pas la réalité, mais ce qu'il faudrait en penser. La manipulation du langage est une arme redoutable dans cette bataille. L'obésité prétendue du secteur public ne vise qu'une chose : son grand remplacement par d'autres forces économiques et sociales.

C'est au fond une guerre de modèles de société : qui détient les richesses, les compétences, les pouvoirs et donc au final qui décide de notre présent et de notre futur ?

En dix ans, serions-nous passés de « mon ennemi, c'est la finance » à « notre ennemi c'est l'État » ?

Tout au long de cet essai, le privé lucratif désignera des acteurs caractérisés par une certaine taille et un certain nombre de ressources, disposant de la capacité à orienter le débat et les décisions publiques, à accaparer les subsides publics, à défiscaliser leurs revenus et leur patrimoine, à imposer leur vision de la société, et qui sont ainsi en mesure de rivaliser, ou presque, avec la puissance publique, par la convergence de leurs intérêts économiques. Il ne s'agit que d'une frange mineure, mais puissante, de l'économie.

Refonder les outils de la puissance publique

Pour sortir de l'ornière, nous n'avons pas d'autre choix que de porter un regard lucide sur le passé, de défaire certains mythes, de nous libérer de la tentation du « c'était mieux avant », de bâtir de nouvelles approches et d'organiser la mobilisation collective. La posture défensive nous enferme, et nous condamne à l'impuissance. Il faut reprendre la main. Nous pouvons retrouver le désir de « faire commun », comme nous en avons fait l'expérience pendant les Jeux olympiques et paralympiques de Paris 2024, au cours desquels la qualité de nos services publics a fait notre fierté à l'international, à l'image de ces athlètes étrangers découvrant notre système de santé.

Dans une période budgétaire difficile, créée de toutes pièces par les choix et la gouvernance politiques des dernières années, le seul discours du « dépenser plus » n'est pourtant plus audible pour nombre de concitoyens et concitoyennes. Nous devons être au clair sur le niveau de continuités et de ruptures que nous souhaitons apporter à notre modèle social.

Suffit-il d'« un professeur devant chaque classe » pour garantir la qualité de l'enseignement, rompre les inégalités de destin, apporter une réponse individualisée à chaque élève, favoriser la collaboration au sein de la communauté éducative, redonner confiance dans l'école de la République ? Suffit-il toujours de dépenser plus pour agir juste et bien ?

Je travaille depuis plus de dix ans au sein des services publics. Je les vis de l'intérieur. Je les observe. Je les décortique. Je les défends. J'y ai moi-même porté plusieurs chantiers de transformation interne, à mon échelle. Travailler au service de l'intérêt général a toujours été une évidence. Ce livre est d'abord le fruit de mon expérience. Il s'appuie aussi sur de nombreux échanges avec des usagers et des usagères, des collègues, des chercheurs, des journalistes, mais aussi sur une enquête auprès de plus de 300 femmes vivant en milieu rural en 2023[1], ainsi que sur un questionnaire auprès de plus de 200 personnes au premier semestre 2024, dont je livrerai quelques résultats et témoignages tout au long de cet essai.

J'ai longtemps attendu avant d'écrire. En démarrant l'aventure de cet essai, je pensais que nous avions un simple problème de cadrage des débats. Aujourd'hui, je perçois clairement la menace existentielle qui plane au-dessus de notre espace du commun. Le discours prétendument gestionnaire et dépolitisé de « l'efficacité » (du secteur marchand) et du « bon sens » (de tout un chacun, où chaque perception individuelle devient vérité universelle), balaie la complexité du réel, pénètre nos institutions publiques pour mieux les affaiblir, dépossède le politique, l'agent public et le citoyen.

Au terme de ce cheminement, je me suis forgée une conviction : il n'y aura pas de consensus possible sur la direction à prendre, même si des compromis sont à construire. Plusieurs scénarios s'offrent aujourd'hui à nous. Certains sont encore à faire émerger. Il convient d'avoir les idées claires et de définir la bonne méthode pour procéder à des choix étayés en conscience et de manière démocratique, avant qu'ils ne s'imposent à nous.

Ce livre a vocation à ouvrir la discussion, créer le sursaut, avoir prise sur notre destin commun.

Je souhaite mettre en débat son contenu, mais aussi en complément une méthode, dix-huit propositions et cinq scénarios, que je mets librement et gratuitement à disposition sur le site de la Fondation Jean-Jaurès. Vous trouverez un aperçu de ce contenu à la fin de cet essai. Vous pourrez aussi

1. Émilie Agnoux, Émilie Nicot, *Accéder aux services publics en milieu rural: les femmes en première ligne ?*, Fondation Jean-Jaurès, 2023.

contribuer en ligne et lors de rencontres physiques qui seront organisées un peu partout en France dans les mois qui suivront la parution.

Faisons de la puissance des services publics un grand projet de réconciliation et de fierté nationales. Seules les batailles qu'on ne livre pas sont perdues d'avance. Le combat commence par les récits et les imaginaires. Il présuppose un réarmement intellectuel. Sortir de la posture défensive. Reprendre l'avantage. Sommes-nous prêts à réinventer positivement notre modèle ? Y sommes-nous préparés ? Et si on y croyait encore ?

I
Les raisons du grand malaise

Près de six Français sur dix (58 %) considèrent que les liens entre usagers et agents ont eu tendance à s'affaiblir sur les vingt dernières années[1]. C'est même l'opinion de sept postiers sur dix[2]. Ce sentiment de perte de liens n'est pas propre au secteur public, et se ressent également dans les relations familiales, professionnelles et interpersonnelles. Conséquence logique, deux tiers des Français estiment que la vie en France est plutôt moins bien aujourd'hui qu'il y a vingt ans.

Tout au long des deux derniers siècles, les acteurs publics sont venus prendre le relais de solidarités traditionnelles, gage d'émancipation individuelle et de prospérité collective. Mais la machine semble aujourd'hui s'enrayer. Certains parlent d'un manque de moyens, d'autres d'un problème d'efficacité.

Dans ce contexte, la situation de nos services publics serait le symptôme, sinon la confirmation du déclassement de notre pays, qui n'aurait plus sa place sur la map monde, et nous avec.

---

1. Christelle Craplet, Jérémie Peltier, Adelaïde Zulfikarpasic, *Réhumaniser la société de l'absence*, Fondation Jean-Jaurès, 2024.
2. *Quels communs dans une société française en tension ?*, La Poste, BVA Xsight, Fondation Jean-Jaurès, 2024.

Les outils de la puissance publique ne sont désormais plus mobilisés comme un ferment d'unité et d'espoir. La facilité serait de confirmer des intuitions déjà maintes fois partagées, dénoncer la seule responsabilité du politique ou l'incapacité de l'appareil administratif, promouvoir des changements radicaux, jusqu'à tailler à la hache ou à la tronçonneuse dans nos structures collectives.

Mais sommes-nous certains d'avoir réalisé les bons diagnostics ? Nous suffirait-il de changer les têtes pour prendre la bonne direction ?

Malaise dans la relation

La fin d'une évidence

À la question de savoir quelle avait été sa meilleure expérience avec les services publics, l'une des participantes à mon enquête a répondu : « L'école ! », évoquant « des enseignants exceptionnels », « deux voyages scolaires en Italie », puis « l'université » qui lui a appris « l'esprit critique et à devenir une adulte cultivée[1] ».

Quand Sheila exprimait dans l'une de ses plus célèbres chansons sa « joie » d'enfant au moment où « l'école est finie », de nombreux élèves, et leurs parents avec, regrettent ce temps béni où le professeur ne manquait pas à l'appel.

Ces représentations historiques sont intégrées à notre imaginaire collectif. Elles sont le fil d'Ariane de notre roman national. « Qu'est-ce que les services publics ont changé dans votre vie ? »

« Ne pas s'inquiéter du lendemain... être sûre d'avoir accès à la santé, l'école pour mes enfants... »

1. « Nouvelle enquête au cœur de la France des services publics », premier semestre 2024, 230 participants et participantes au questionnaire en ligne.

« La sérénité de pouvoir compter sur eux sans avoir à me préoccuper de savoir si je suis couvert, si j'ai un contrat, si la prestation sera bien faite, si elle est au juste prix, si je ne devrais pas renégocier et changer de prestataire. »

« Un accompagnement dans les moments difficiles. »

« Les services publics changent tout, s'ils n'existaient pas il faudrait les créer. » [...]

La sérénité, n'est-ce pas ce à quoi nous aspirons toutes et tous, nous qui recevons l'intranquillité en héritage congénital ? N'est-ce pas là ce que nous attendons en priorité quand nous venons au monde, et que nous traduisons par une aspiration universelle aux SécuritéS, avec deux grands « S », au début comme à la fin ?

D'autres sociétés, aujourd'hui marginalisées, quand elles ne sont pas carrément menacées par notre rapport au monde, ont fait le choix de modes d'organisation différents, souvent moins formels, moins institutionnels, à moins large échelle. Les services publics n'y existent pas en tant que tels. Même fragilisés, les services publics continuent pour nous d'incarner la modernité, la société désirable. C'est à travers eux que nous avons bâti nos pyramides contemporaines avec l'émergence de l'État-providence. À l'échelle de la grande histoire humaine, c'est un tout petit bout du récit de la France, qui ne doit rien au hasard. L'expérience traumatique des deux guerres mondiales au xxe siècle, associée à un grand sens des responsabilités, a débouché sur un compromis transpartisan inédit qui a révolutionné le système de prise en charge collectif des problèmes publics. Il nous reste encore, malgré tout, cet attachement viscéral à la chose commune.

C'est à la fois leur magie et leur talon d'Achille, les services publics relèvent désormais de l'ordre de l'évidence : l'eau coule au robinet, les déchets disparaissent de nos poubelles, la route est viabilisée pour que nous puissions circuler, l'enfant est accueilli en crèche, à l'école, ou en centre de loisirs, les frais de santé sont pris en charge quand l'imprévu s'abat sur nous… Nous sommes nés avec, pour la plupart[1]. Nous les désignons par des termes génériques qui sont entrés dans le langage courant : l'école, l'hôpital, la justice, la police, la mairie, les impôts…

Ils sont tellement présents dans nos vies que nous avons bien du mal à nous représenter leur place exacte dans notre système social. Si près de neuf répondants sur dix m'ont affirmé avoir une idée précise du périmètre des services publics, la plupart n'ont pas réussi à mentionner spontanément plus de quelques services parmi les plus régulièrement cités. Comment savoir à quoi nous tenons, ce que nous sommes en train de perdre, ou ce que nous avons déjà perdu, quand nous n'en avons pas toujours conscience ?

Comme par l'opération du Saint-Esprit, les services publics façonnent notre environnement pour nous rendre, normalement, la vie quotidienne plus facile, acceptable, désirable. Nous n'avons pas à nous préoccuper de toutes ces tâches qui sont assurées par des institutions.

C'est généralement quand nous en avons le plus besoin, ou quand le service ne répond plus, que nous prenons la mesure de ce à quoi nous tenons, comme quand l'acteur Mathieu Kassovitz avait rendu hommage à nos soignants après avoir été pris en charge à l'hôpital suite à un accident de moto[2] : « Les

1. C'est à l'occasion du portage d'une procuration pour des élections législatives que je me suis rendue compte que mes parents étaient nés à domicile. Pour moi, l'évidence, c'était de naître à la maternité.
2. Mathilde Barat, « Le médecin était sûr qu'il allait m'amputer : Mathieu Kassovitz revient sur son grave accident de moto », *Le Figaro*, 2023.

hôpitaux français, c'est incroyable ce qui s'y passe. On vous soigne, on vous prend par la main, on vous accompagne. Ils sont très peu payés pour ce qu'ils donnent. Mais c'est une fierté française. On sait pourquoi on paie nos impôts. »

Je me souviens que, pendant les premiers jours du confinement en 2020, j'avais commencé à regarder la série française *L'Effondrement*[1], qui dépeint une société déboussolée, déstructurée par les ruptures d'approvisionnement (alimentaire, énergétique…), contrainte à s'auto-organiser dans l'urgence et la panique, révélant nos pires instincts.

Quand le mode survie est activé, nous sommes prêts à tout, à commencer par renoncer à la justice, à la liberté et à la démocratie.

Nos structures collectives viennent avant tout canaliser nos comportements et donner une place à chacune et à chacun. N'est-ce pas la civilisation même[2] qui est mise en danger ? Quand les forces de l'ordre, les soignants, les enseignants, les magistrats, les personnels administratifs, les agents de guichet sont débordés, dépassés, à qui pouvons-nous remettre notre sort ? Qui pour prendre soin de nous et de nos proches ? Qui pour être le filet de sécurité ? Qui pour nous aider ? Qui pour nous donner des raisons d'espérer ?

Et si notre malaise venait de là ? Et si le sentiment de dégradation de nos services publics venait ébranler nos certitudes et nous renvoyer nos vulnérabilités ?

---

1. Sortie en 2019, écrite et réalisée par Guillaume Desjardins, Jérémy Bernard et Bastien Ughetto.
2. En opposition à la dynamique de civilisation étudiée par Norbert Elias.

La qualité empêchée : le service public coûte que coûte

Julie est une ancienne infirmière. Pendant des années, elle s'est épanouie dans un service à l'hôpital. Elle adorait travailler avec ses collègues. Ils avaient du temps, des moyens, de la confiance pour innover et « faire du sur-mesure ». Et puis un jour, elle a craqué. Elle revenait à peine de son deuxième congé maternité. Un mois après, au bout du troisième patient qui lui demandait : « Est-ce que ça va ? », c'est là qu'elle s'effondre. Elle ne peut plus. Plus de sens. Plus de qualité. Elle n'en peut plus des chiffres. Elle ne supporte plus d'entendre « Ce patient nous coûte trop cher ».

Julie a ensuite exercé en EHPAD (établissement d'hébergement pour personnes âgées dépendantes), l'autre nom des maisons de retraite, en tant qu'intérimaire. Elle y a retrouvé les mêmes problèmes. Elle a été confrontée aux absurdités et à une organisation qu'elle juge défaillante.

Julie se souvient aussi qu'elle a été aide-soignante pendant ses études d'infirmière. Elle se remémore qu'on lui demandait de « faire en 12 minutes le petit-déjeuner + la toilette ». Des professionnelles déjà en poste lui avaient conseillé de mettre les résidents sur les toilettes et de les faire manger en même temps. Elle avait rétorqué : « Mais si c'était ma mamie, je ne la traiterais pas comme ça ». On lui avait répondu : « Oui, mais c'est pas ta mamie. »

Ces récits ne sont pas un cas isolé. Près d'un infirmier ou d'une infirmière sur deux a quitté l'hôpital ou changé de métier après dix ans de carrière, et plus l'entrée dans le métier est récente, plus le taux d'abandon est élevé[1]. Le système

1. Pierre Pora, « Près d'une infirmière hospitalière sur deux a quitté l'hôpital ou changé de métier après dix ans de carrière », *Études et Résultats*, DREES, n° 1277, 2023.

Parcoursup a aggravé la problématique, et laissé des vocations sur le bord du chemin.

Les soignants se blindent pour supporter ça. L'esprit critique est mis de côté. C'est la condition pour survivre et accepter. Beaucoup se sentent « complices » d'un système de maltraitance. C'est le cas d'Anna Roy, sage-femme, qui, après avoir quitté l'hôpital, a créé le hashtag « Je suis maltraitante[1] ».

De nombreux DRH m'ont aussi évoqué un autre phénomène, moins visible, le « *quiet quiting* » ou la « démission silencieuse », qui consiste à se limiter au travail prescrit par les process. Rien d'étonnant quand on connaît les réalités de terrain: l'épuisement professionnel figure désormais au premier rang des préoccupations des fonctionnaires en matière de santé[2], et trois fonctionnaires sur dix déclarent avoir consommé des benzodiazépines au cours des douze derniers mois[3].

La question des salaires n'est pas le seul facteur, même si elle compte évidemment dans l'équation. Les conditions de travail et le rapport humain aux patients, aux résidents, aux usagers, aux individus, rendent les métiers particulièrement difficiles et peu attractifs. Le travail est extrêmement cadencé et formalisé. Il faut respecter le règlement, l'enchaînement des tâches, les priorités hiérarchiques. Il reste peu de place pour la relation humaine et peu de temps pour s'adapter à la situation

1. Elle est aussi désormais auteure et chroniqueuse dans l'émission *La Maison des Maternelles* sur France 2.
2. Consultation en ligne lancée par le ministère de la Fonction publique sur les conditions de travail des agents, à laquelle 110253 personnes ont répondu, ouverte du 20 juin au 30 septembre 2023.
3. Baromètre Santé des fonctionnaires, sondage réalisé du 10 septembre au 7 octobre 2018 par BVA/MFP Services auprès de répondants fonctionnaires âgés de 18 ans et plus.

particulière. C'est une énorme responsabilité qui pèse sur les épaules des professionnels.

Le quotidien des agents publics, c'est aussi de « trouver une place en famille d'accueil, qui n'existe pas, pour un bébé de deux mois, dont la maman allaite, et qui est dans les bras d'une collègue puéricultrice depuis quatre heures en MDD (maison du département)[1] ».

Ce « travail empêché », qui empêche la qualité, est probablement au cœur des pathologies de notre système public aujourd'hui, et plus globalement du monde du travail[2]. Nadège Vezinat, professeure de sociologie, parle carrément de « service public empêché » avec une mise en incompétence organisée du système public[3].

L'hôpital est bien évidemment un cas extrême, mais d'autres services publics connaissent des difficultés analogues. Les situations objectives sont forcément plus contrastées que les récits qui en sont faits ici ou ailleurs. La difficulté à mettre en cohérence ses valeurs et ses actes crée une « souffrance éthique ».

Le système repose, comme toujours, davantage sur le dévouement et le professionnalisme de millions de gens que sur les process ou les mécanismes d'incitation/sanction. C'est l'absence de reconnaissance et l'impossibilité matérielle et humaine de faire qui créent et alimentent le mal-être.

En 2023, plus de 3000 postes d'enseignants n'ont pas été pourvus aux concours. Les remplaçants viennent aussi à

---

1. Témoignage reçu dans le cadre de mon enquête.
2. Yves Clot, *Le travail à cœur : pour en finir avec les risques psychosociaux*, Paris, La Découverte, mai 2010.
3. Ce titre fait référence à l'ouvrage *Le service public empêché* de Nadège Vezinat, Presses Universitaires de France, 18 septembre 2024.

manquer[1]. Les démissions d'enseignants en poste s'accélèrent aussi. Pour ne pas pénaliser leurs élèves, les professeurs ont moins la possibilité d'aller se former, alors que la formation est le principal ingrédient de la qualité de l'enseignement.

La proportion d'enseignants, notamment stagiaires, qui quittent la profession est en hausse

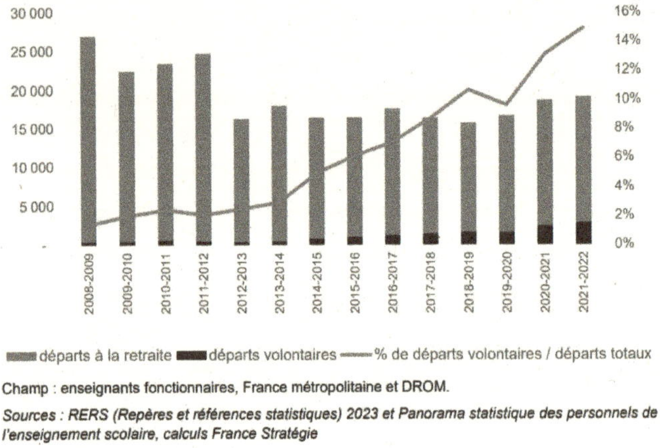

Emmanuelle Prouet, Johanna Barasz, Anne Faure, « Travailler dans la fonction publique. Le défi de l'attractivité », France stratégie, 2024.

Dans de nombreuses administrations, il devient de plus en plus difficile de recruter des policiers municipaux, des agents pénitentiaires, des ingénieurs, des techniciens, des gestionnaires de ressources humaines, des chargés de marchés publics, des puéricultrices, des aides à domicile[2]… 1 900 postes de

1. « La gestion des absences des enseignants », Cour des comptes, 2021.
2. Thomas Beurey, « Les tensions de recrutement, bête noire des DRH des collectivités », *Localtis*, Banque des territoires, 2023.

secrétaires de mairie étaient vacants en 2023 et un tiers des effectifs en poste partira en retraite d'ici 2030[1].

À la perte d'attractivité des métiers publics et la plus grande difficulté à fidéliser les agents en poste, s'ajoute le vieillissement de ces derniers (un agent public sur trois a plus de 50 ans), qui conduira à de nombreux départs dans les prochaines années, alors que les besoins de la société vont s'accroître dans le même temps.

Les mesures d'urgence prises ici et là pour recruter des contractuels et vacataires, et revaloriser les salaires, ne constituent au mieux que des rustines pour colmater un système qui prend l'eau, et qui devra être revu de fond en comble, au risque sinon qu'une part croissante de la population ne s'en détourne.

Les non-recours, la face immergée de l'iceberg

« Mon fils devait se faire opérer, et nous avons dû aller dans le privé car le chirurgien du CHU nous a expliqué avoir entre un an et demi et deux ans d'attente faute d'infirmières de bloc… Bref, mes mauvaises expériences, c'est jamais le service public en soi, c'est quand il n'a plus les moyens de bien faire son job[2]… »

Les usagers et usagères en viennent eux aussi à se détourner du système public : renoncement aux soins, aux études, au dépôt de plainte en commissariat, à la justice, ou à un travail faute de solution de garde pour ses enfants ou de moyens de

1. Émilie Denetre, « Si on ne fait rien, la pénurie de secrétaires de mairie dans le pays va s'aggraver », *Le Courrier des maires et des élus locaux*, 2023.

2. Réponse donnée par un des participants à mon enquête à la question « En tant qu'usager ou usagère des services publics, racontez votre pire expérience avec les services publics. »

transport collectif, ou bien encore à l'entrée en maison de retraite d'une personne âgée faute de moyens ou de confiance dans l'institution.

« J'essaye de les éviter maintenant[1]. » Ce phénomène d'évitement n'est pas sans conséquence. Comme l'évoquait l'Inspection générale des affaires sociales (IGAS) dans un rapport en 2023 pour les personnes âgées en perte d'autonomie, ces situations peuvent conduire à « maintenir des personnes chez elles dans des conditions dégradées, et à reporter la charge sur le système hospitalier et les familles[2] ».

Ces faits ne sont pas nouveaux, mais ils sont aujourd'hui connus, documentés, chiffrés. Ils constituent ce que l'on appelle « le non-recours aux droits », régulièrement dénoncé par la défenseure des droits. Il est estimé qu'une personne sur trois ne recourt pas au revenu de solidarité active, qu'une personne sur deux ne recourt pas au minimum vieillesse, ou encore qu'une personne sur deux ne recourt pas à la complémentaire santé solidaire (CSS)[3], alors qu'elles pourraient y prétendre.

Face à des dysfonctionnements, plusieurs comportements sont possibles, que l'économiste Albert O. Hirschman avait déjà résumés en trois attitudes tendanciellement possibles : la stratégie de défection (« *exit* »), la prise de parole (« *voice* »)

1. Réponse donnée par un des participants à mon enquête à la question « En tant qu'usager ou usagère des services publics, racontez votre pire expérience avec les services publics. »
2. Dr Julien Emmanuelli, Jean-Baptiste Frossard, Bruno Vincent, « Lieux de vie et accompagnement des personnes âgées en perte d'autonomie : les défis de la politique domiciliaire, se sentir chez soi où que l'on soit », IGAS, 2024.
3. Aude Lapinte, Catherine Pollak et Rosalinda Solotareff (dir.), « La complémentaire santé : acteurs, bénéficiaires, garanties. Édition 2024 », Panoramas de la DREES, 2024.

et la fidélité (« *loyalty* ») à l'institution[1]. En somme, ne plus recourir aux services, dénoncer leur état, ou continuer à les utiliser par conviction, satisfaction, résignation ou faute d'autre option.

Les raisons des non-recours sont multiples : déficit d'information, manque de compétences administratives des citoyens, langage administratif peu accessible, procédure méconnue ou jugée complexe et chronophage, sentiment d'illégitimité (ne pas se sentir autorisé à demander) ou de honte, manque de moyens personnels (par exemple, pour aller étudier en ville), éloignement des services publics, horaires inadaptés, carences institutionnelles…

Mais un sondage de notre think tank avait aussi jeté un coup de projecteur sur l'éléphant au milieu de la pièce : celui de l'indispensable besoin d'accompagnement humain, plébiscité par neuf répondants sur dix pour faciliter l'accès aux services publics[2].

Plus grave encore, comment avoir confiance dans nos institutions quand seulement 8 % des auteurs de violences sexuelles font l'objet d'une condamnation et que moins de 1 % des auteurs de viols sont condamnés ? Comment obtenir justice quand les frais de procédure pèsent sur les victimes, estimés en moyenne à 6 000 euros pour une affaire de viol et plus de 4 000 euros pour une affaire d'agression sexuelle[3] ?

---

1. Albert O. Hirschman, *Exit, Voice, Loyalty. Défection et prise de parole*, Éditions de l'Université de Bruxelles.
2. « Les inégalités d'accès aux services publics en France… », 2025, sondage cité.
3. Lucile Peytavin et Lucile Quillet, *Cinq ans après #MeToo : le coût de la justice pour les victimes de violences sexuelles*, Observatoire de l'émancipation économique des femmes, Fondation des femmes, rapport n° 1, 2022.

La culpabilisation des usagers-citoyens

Les cas de violences sexuelles et la manière dont ils sont pris en charge par notre société dans son ensemble sont particulièrement emblématiques de l'impact de nos perceptions individuelles et collectives sur la prise en charge des problèmes publics.

Les violences sont souvent réduites à l'espace public, alors que l'insécurité, pour les femmes, comme pour les enfants, est d'abord une affaire d'intimité et d'espace privé. Dans 91 % des cas, les violences sont commises par une personne de l'entourage de la victime. Cela rend la tâche des institutions beaucoup plus difficile, a fortiori du fait des mécanismes déployés par les agresseurs (pressions psychologiques, chantage aux enfants, effets de réputation, isolement social, dépendance économique, soumission chimique, menaces et violences physiques…) Les représentations collectives ont aussi la vie dure, à l'image du fantasme de la femme menteuse et manipulatrice, un paravent particulièrement efficace pour organiser l'impunité des agresseurs.

De 2012 à 2020, « la part de viols classés est passée de 82 % à 94 %[1]. »

Trop souvent, les victimes sont rendues responsables de leur situation, plutôt que les auteurs : « mais pourquoi elle n'a pas parlé avant ? », « elle n'a qu'à porter plainte »… Le déni est puissant : « il n'a pas été condamné par la justice ». Être réduites au statut de « classées sans suite[2] » : « circulez mesdames, personne ne peut rien faire pour vous ».

---

1. Maëlle Stricot, *Le traitement judiciaire des violences sexuelles et conjugales en France*, Institut des Politiques Publiques, Notes IPP, n° 107, 2024.
2. Violaine De Filippis-Abate, *Classées sans suite. Les femmes victimes de violences face à la justice*, Paris, Payot, 2023.

La doctorante en sociologie Clara Deville[1] a bien étudié le phénomène du non-recours. Selon elle, nous ne pouvons pas comprendre les « paradoxes » et les « absurdités » de notre action publique si l'on ne saisit pas que les individus-usagers sont perçus, consciemment ou inconsciemment, comme l'origine des problèmes, ce qui conduit les pouvoirs publics à mettre en place des politiques de développement des compétences individuelles et de la délégation de tâches auprès des usagers, en particulier des usagères (qui sont majoritaires dans la prise en charge des tâches administratives). L'usager étant vu comme un problème en soi, il n'est pas très étonnant qu'il ait de plus en plus l'impression de déranger. En somme, il suffirait presque aux individus de s'auto-gouverner pour résoudre les difficultés des services publics.

Nous assistons de plus en plus à un phénomène de culpabilisation des usagers, accusés par exemple d'engorger les urgences. Au-delà de l'approche morale, ces discours peuvent avoir des conséquences dramatiques, avec un risque de découragement au recours aux soins et donc d'aggravation de certaines pathologies, voire de décès si le problème n'est pas pris à temps.

La rhétorique de la responsabilisation des individus produit aussi des effets politiques : franchise médicale, rémunération au mérite dans la fonction publique, parents (surtout les mères) pointés du doigt comme défaillants dans l'éducation de leurs enfants… autant de tactiques qui dédouanent le politique de sa propre responsabilité, tout en créant plus de problèmes à régler à moyen terme.

1. Clara Deville a notamment reçu le prix de thèse de la défenseure des droits en 2020.

Il en va de l'éducation ou de la santé comme de l'écologie. Croyons-nous sincèrement que c'est en culpabilisant les individus que nous obtiendrons des changements de comportement ?

Un ancien élu local en Maine-et-Loire, chargé des questions d'éducation, qui avait déployé des dispositifs ambitieux d'accompagnement à la réussite éducative dans les quartiers prioritaires, m'avait ainsi confié que des parents venaient régulièrement le voir pour lui demander : « Qu'est-ce qu'on peut faire ? »

Nos institutions tiennent à distance les usagers et les usagères. Certains osent franchir la porte, poser des questions, s'exposer et risquer de montrer ce qui est perçu comme une forme d'incompétence. Mais ce n'est pas le cas de tout le monde : « pas le temps », « autre chose à faire », « ça ne m'intéresse pas », mais aussi, au fond, la peur d'apparaître comme un « mauvais parent », aux yeux de l'institution comme aux yeux de ses propres enfants. Il peut aussi être plus difficile de prendre part à l'éducation de ses enfants quand on cumule les petits boulots, qu'on travaille en horaires décalés, qu'on a soi-même connu l'échec à l'école, qu'on maîtrise mal les codes…

Dans la relation quotidienne, c'est ce fil ténu que les enseignants essaient de tisser avec les parents, mais ils ne peuvent pas le faire seuls.

Le consumérisme de services publics

Pour celles et ceux qui en ont les moyens ou le temps, d'autres stratégies se mettent en place, en évitant par exemple l'école publique ou l'hôpital et en privilégiant les structures privées. C'est d'ailleurs l'une des grandes hypocrisies des élites économiques et culturelles de notre pays, qui n'hésitent pas à utiliser ces voies parallèles pour eux-mêmes, comme l'a mis sur le devant de la scène « l'affaire Amélie Oudéa-Castéra » qui, à peine nommée ministre de l'Éducation nationale, a fait l'objet d'une vive polémique sur la scolarisation de ses propres enfants dans une institution privée parisienne[1].

Cette histoire n'est que l'expression visible d'une société à plusieurs vitesses et d'une forme de sécession du haut de la société, qui a toujours su préserver ses propres intérêts. Cette conduite d'évitement du secteur public, jusqu'alors a priori limitée à certains segments de la société, semble néanmoins faire tache d'huile, les classes moyennes n'hésitant pas non plus, quand elles le peuvent, à faire le choix du secteur privé, pensant y trouver une éducation plus adaptée aux besoins de leurs enfants. Pendant que des élus locaux se battent pour maintenir des petites écoles publiques communales ouvertes dans nos campagnes, les stratégies de certains parents viennent alors contrecarrer ces efforts.

Se détourner du système public ne relève pas toujours d'un choix idéologique ou d'une volonté de distinction sociale. Certaines personnes ont pu s'en éloigner après une mauvaise expérience ou faute d'une prise en charge adaptée à leurs besoins (qualité, délais). Une grande partie d'entre elles navigue entre les deux systèmes en fonction des moments, des expériences de vie, et des satisfactions apportées respectivement par chacun des systèmes. C'est le cas de ce parent qui s'est vu contraint de mettre son enfant dans le privé pour faire cesser un harcèlement scolaire, ou de cet autre parent m'expliquant son choix de ne pas scolariser son enfant dans l'établissement public de secteur faute de mixité.

1. Mathilde Goanec, David Perrotin, Ilyes Ramdani, « La ministre de l'éducation a choisi un établissement privé ultra réac pour ses enfants », *Mediapart*, 2024.

D'autres usagers des services publics pratiquent le « tourisme » administratif ou médical, qui n'a pourtant rien de la promenade de santé. Certains services ont même adapté leurs horaires pour permettre d'accueillir des personnes en soirée, le week-end, voire la nuit ! Cela n'est pas sans aggraver les inégalités d'accès mais aussi l'engorgement de certains services, comme nous l'avions constaté dans la période post-Covid, au moment où de nombreux Français ont souhaité renouveler leurs papiers d'identité, démultipliant les prises de rendez-vous auprès de différentes mairies, en laissant certains créneaux vacants faute d'avoir annulé les réservations non honorées. Des enseignants m'évoquent aussi un phénomène fréquent de turn-over des effectifs d'élèves en cours d'année, avec des arrivées et des départs au gré des mutations ou des changements professionnels des parents, des choix résidentiels de confort ou des parcours de précarité. Difficile de s'adapter à ces stratégies hétérogènes, individuelles et court-termistes.

L'administration toxique ? La déshumanisation du service public

Le remède serait-il devenu pire que le mal qu'il prétend soigner ?

La relation administrative peut se transformer en véritable angoisse. Nous supportons de plus en plus difficilement de devoir renseigner des formulaires, produire des pièces justificatives, tenter de comprendre si l'on remplit ou non les conditions, respecter des délais… Le terme est posé pour décrire le phénomène : la « phobie administrative[1] », devenue même

1. Terme popularisé en 2014 par l'ancien homme politique Thomas Thévenoud, condamné pour fraude fiscale.

une marque déposée[1]. De nos jours, nous pourrions avoir droit au « burn-out » administratif. Ces terminologies participent d'une disqualification du bien-fondé de l'intervention publique.

Dans un essai sorti en 2023[2], Clotilde Leguil, philosophe et psychanalyste, décortique les usages modernes du « toxique », expliquant une extension du périmètre d'application de cet adjectif. Nous pouvons tout à fait imaginer que cette logique virale puisse aussi affecter les relations entre les individus et leurs institutions, ou la perception que certains en ont. La toxicité, c'est le signal qu'une limite est atteinte, qui relève symboliquement ou pratiquement, a maxima, de la survie, et a minima de la santé physique ou mentale.

Ce n'est même pas forcément la complexité supposée des démarches qui nous rebute, c'est aussi, et de plus en plus, le fait même de devoir en faire, tout le temps, pour tout. Au moins l'agent de guichet pouvait nous offrir la garantie que la demande était bien enregistrée et que le process allait suivre normalement son cours. Ce sont aussi ces formats de pièces jointes qui ne passent pas ou cette obligation de scanner des documents, qu'on n'avait pas à faire soi-même avant. Internet constitue désormais le moyen de contact majoritaire entre les usagers et les services publics, seules la police et la gendarmerie étant encore majoritairement en contact physique avec les usagers[3]. Ce mode de relation explique probablement pour

1. « "Phobie administrative" : Thomas Thévenoud en fait une marque ! », *Le Point*, 2018.

2. Clotilde Leguil, *L'ère du toxique : essai sur le nouveau malaise dans la civilisation*, PUF, 2023.

3. « Les services publics vus par les Français et les usagers », Baromètre de l'Institut Paul Delouvrier, 24e édition, en partenariat avec Verian, 2023.

partie l'opinion favorable dont ces deux services publics bénéficient auprès de la population, en tête des services publics testés par l'institut Paul Delouvrier avec 64 % d'opinions positives et 79 % de satisfaction. On comprend ainsi le décalage qu'il peut y avoir avec certains discours politiques critiquant sans nuance les forces de l'ordre.

Je ne compte plus ces situations ubuesques, incompréhensibles, qui m'ont été partagées par des usagers désabusés.

Ne pas être dans la bonne « case », ne pas correspondre à la norme ou aux situations théoriques prévues par le Léviathan administratif. Les « absurdités » et les « lourdeurs administratives » rendent littéralement fou : ces multiples caisses de retraite auxquelles il faut s'adresser pour solder sa retraite, ces aides « trop perçues » qu'il faut rembourser alors qu'on est sans emploi, ces injonctions et interdictions de l'architecte des Bâtiments de France pour bâtir ou rénover son habitation…

Nous savons pourtant que la vie est pleine de contradictions et que l'expérience de l'absurde n'est pas réservée à nos relations administratives. Les relations commerciales avec des services privés ne sont pas forcément plus satisfaisantes. Mais au moins pourrions-nous, ou devrions-nous attendre des institutions qu'elles nous rendent le monde moins aberrant et indéchiffrable ! C'est la tâche, quasi divine, que nous assignons à nos structures publiques : faire des miracles.

Entrer dans l'univers administratif revient parfois à se mettre dans la peau du Minotaure, célèbre personnage de la mythologie grecque, prisonnier du labyrinthe de Dédale. C'est en tout cas l'image qui me vient en tête lorsque le 28 mai 2024 je reçois un message d'une de mes relations sur le réseau social Linkedin, accompagné d'un courrier anonymisé. Mon interlocutrice, qui se prénomme également Émilie, est en situation de handicap. Diplômée du supérieur, elle a exercé plusieurs métiers, mais se trouve en recherche d'emploi.

Elle m'évoque les délais d'attente, les diverses administrations à solliciter pour activer les aides existantes (allocation adulte handicapé ou allocation supplémentaire d'invalidité), les traitements différenciés selon son département de résidence, les sommes à rembourser, les justificatifs à fournir, les démarches à suivre en ligne, quitte à se connecter quasi quotidiennement… sans parler de l'infobésité générée par France travail et ses sous-traitants (Émilie évoque une « inondation de mails, questionnaires, rappels de rendez-vous… »)

Parmi les autres témoignages que j'ai reçus, l'un d'eux m'a particulièrement touchée, évoquant « (s)on père en préretraite face à un agent de l'assurance chômage désagréable qui le prenait ouvertement pour un profiteur, lui qui avait travaillé en usine en 3x8 pendant près de quarante ans, et qui bénéficiait d'une mesure gouvernementale à laquelle il avait droit et qu'il appréciait car il était usé. »

Certains ont désormais acquis la conviction qu'à l'inverse, d'autres ont tout automatiquement[1], un sentiment largement instrumentalisé par les populistes d'extrême droite.

Recourir aux aides ou aux services publics peut carrément relever du stigmate social, en étant associé à la figure de « l'assisté » ou du « cas soc' ». C'est la conclusion à laquelle est arrivé Romain Pudal, chercheur au CNRS, après son immersion auprès de pompiers dans la grande couronne parisienne[2]. Les pompiers, faisant eux-mêmes l'expérience sociale du mépris de classe, côtoient aussi directement de « multiples formes de "déchéance" et de "déshérence"[3] », de sorte que plusieurs

1. Ce qui n'est pas le cas des personnes prises en exemple précédemment.
2. Nicolas Renahy et Pierre-Emmanuel Sorignet (dir.), *Mépris de classe. L'exercer, le ressentir, y faire face*, Éditions du Croquant, 2021.
3. *Ibid.*, p. 266.

d'entre eux ont confié au sociologue « avoir refusé des aides auxquelles ils avaient droit, sauf pour les enfants[1] », l'objectif étant de « tenir à distance le risque de déclassement[2] ».

Si l'on ne perçoit pas ces mécanismes, on ne peut pas comprendre les remises en cause du consentement à l'impôt ni l'acceptabilité déclinante du niveau de dépenses publiques. Faute d'apporter des réponses politiques et pratiques à ces réalités, nous prenons des risques inconsidérés pour la cohésion sociale de notre pays.

Paradoxalement, et dans le même temps, des fraudeurs profitent de plus en plus de la relation de confiance nouée entre les citoyens et leurs administrations pour arnaquer à grande échelle par SMS, appel téléphonique, courrier postal, email ou dans la vraie vie, en se faisant passer pour des institutions et en réclamant des données personnelles ou des paiements. La peur de l'arnaque devient ainsi le sentiment dominant pour les Françaises et les Français lorsqu'ils reçoivent un message d'une administration[3].

Qu'il soit imputable aux acteurs publics ou à d'autres acteurs de la vie sociale, ce malaise relationnel doit être une priorité d'action. Mais comme nous le verrons plus loin, il n'est pas certain que les discours et les solutions caricaturales du moment soient à même de résoudre véritablement la problématique.

1. *Ibid.*, p. 274.
2. *Ibid.*, p. 275.
3. « Les inégalités d'accès aux services publics en France… », 2025, sondage cité.

Malaise dans la perception

Le mythe de Sisyphe ou le parcours du combattant

L'année dernière j'ai rencontré Cindy. Elle a un fils triplement dys. Il a fallu attendre deux ans avant que le diagnostic soit posé, puis encore deux ans pour disposer d'une AESH (accompagnante d'élèves en situation de handicap). Elle me détaille son « parcours du combattant », avouant qu'« il faut les enfoncer les portes » : le dossier MDPH (maison départementale des personnes handicapées), les documents à renseigner par l'enseignante, les nombreux rendez-vous avec les professionnels, les kilomètres parcourus pour aller au CHU à Poitiers, ou chez l'ORL à La Rochelle, les trois rendez-vous par semaine chez le psychologue, l'orthophoniste, après des mois d'attente pour qu'une place se libère… Et puis, à peine l'AESH obtenue, il faut refaire un nouveau dossier et recommencer le circuit. La crainte du passage au collège se fait aussi sentir : « Comment mon enfant va-t-il être pris en charge ? » « Est-ce qu'il va pouvoir continuer à être scolarisé ? »

Comme le personnage de Joseph K dans le roman *Le Procès* de Franz Kafka, les parents se heurtent à une succession de portes, sans toujours comprendre comment ça fonctionne, ni ce qui est précisément attendu d'eux. Ils sont épuisés. Certains sont obligés d'arrêter de travailler. Dans la grande majorité des cas, les enseignants essayent de faire leur maximum, d'adapter leur enseignement, de tester des choses, car chaque situation est spécifique… mais ils n'en ont pas toujours le temps, les moyens ou l'autorisation. Pour ces parents, il existe aussi heureusement des associations qui soutiennent, écoutent, conseillent, mettent en lien avec les bons professionnels…

L'école est devenue plus inclusive, en particulier sous l'effet de la loi du 11 février 2005 pour l'égalité des droits et des chances. Cette nouvelle approche oblige à reconnaître des droits formels, mais surtout à l'égalité réelle. Depuis 2005, le nombre d'enfants en situation de handicap accueillis en établissements scolaires est passé de 150 000 à 478 000 en 2023. Cela n'est bien sûr pas sans poser de redoutables défis. Les formations des enseignants intègrent désormais cette dimension, mais il y a encore des progrès à faire. Les postes d'accompagnants ont été fortement accrus, mais il est difficile de recruter le nombre suffisant d'AESH, avec plus de 3 400 postes en équivalent temps plein non pourvus[1].

Il n'y a pas que la vie des parents qui est plus compliquée. Celle des enfants, qui se savent différents, est plus énergivore. C'est un combat de tous les jours, comme ces enfants qui doivent parcourir des kilomètres en véhicule spécialisé pour accéder à une classe ULIS (unité localisée pour l'inclusion scolaire). L'imprévu n'est pas possible. Tout doit être millimétré. C'est le cas de la fille de mon amie Sandra, dont j'admire la ténacité, la force et malgré tout l'optimisme débordant dont elle fait preuve.

1. « Modalités de gestion des AESH, pour une école inclusive », Sénat, Rapport d'information n° 568 (2022-2023), déposé le 3 mai 2023.

Les enseignants doivent s'adapter, et assumer des décisions sur lesquelles ils ne sont pas décisionnaires. Cela implique régulièrement d'accueillir en classe des élèves qui n'ont pas d'accompagnant, au moins temporairement, ou qui devraient être accueillis au sein de dispositifs plus adaptés à leurs besoins. Il faut aussi répartir les moyens entre les différents élèves, souvent plusieurs au sein d'une classe et d'une école, par exemple prioriser entre les élèves avec retour auditif ou pas. Les AESH doivent faire preuve de beaucoup de sens de l'adaptation pour répondre aux besoins des enfants. Elles se partagent régulièrement entre plusieurs établissements. Elles n'ont pas toujours des temps pleins. Elles sont mal payées, mal considérées, et souvent pas assez, voire pas du tout, formées.

Nous mesurons alors la précarité, mais aussi la solidarité et l'interdépendance de la chaîne d'acteurs mobilisés pour prendre en charge un seul enfant. Nous comprenons aussi la colère et le désarroi qui s'expriment ici et là.

Nous prenons également conscience des limites d'un système éducatif trop uniforme, qui a du mal à répondre à la grande diversité des besoins qui s'expriment, lesquels ne se limitent pas aux handicaps. Tous les enfants ne sont pas égaux face à l'apprentissage. Ils ne vont pas tous à la même vitesse. La même méthode ne fonctionne pas pour tout le monde. C'est d'ailleurs ce qui a conduit l'enseignant et psychopédagogue Serge Boimare à expérimenter et conceptualiser d'autres voies pédagogiques qui ont fait leurs preuves. Mais à l'heure où la priorité devient de recruter coûte que coûte à la va-vite des enseignants, est-ce qu'il y a encore de la place pour ces considérations ?

Le syndrome de l'abandon

Votre pire expérience avec un service public ?

« Les courriers de la CAF et Pôle emploi auxquels je ne comprends rien (mais c'était il y a vingt ans, il me semble qu'ils ont fait des progrès depuis[1]). »

Quand nous parlons des services publics, nous avons désormais assez majoritairement tendance à penser que « c'était mieux avant ». La plupart du temps, nous ne nous embarrassons pas de préciser à quand nous faisons remonter cet « avant ». L'oubli fait aussi partie de la mémoire[2].

Nous nous rappelons qu'il y avait cette petite école communale, ce petit hôpital, cette petite maternité, ce médecin de famille, la perception, ce bureau de poste, cette petite gare ferroviaire… tout un monde désormais disparu. Il en reste bien encore quelques vestiges, comme pour remuer le couteau dans la plaie, comme pour nous rappeler ce qui nous a précédés, mais ne nous a pas survécu, à l'image de ces voies ferrées encore à peine visibles et recouvertes de végétation le long des petites routes de campagne ou ces petits hameaux qui portent toujours la marque d'un passé à la fois si proche et si lointain : « Gare de Naves », « Gare de Saint-Clément », « Gare de Corrèze »… La nature a horreur du vide, paraît-il.

Avec ma trentaine bien avancée, je suis moi aussi tentée par les souvenirs radieux, en forme de carte postale un peu jaunie, cette douceur de vivre, cette insouciance, cette certitude que, s'il nous arrivait quelque chose, des gens seront là pour prendre soin de nous : le médecin de famille à cinq minutes en voiture ou le bureau de poste où j'accompagnais ma mère et où ça discutait. Il y avait aussi la Manufacture d'armes, à Tulle, à

1. Réponse donnée à mon enquête en ligne.
2. Paul Ricœur, *La Mémoire, l'histoire, l'oubli*, Paris, Seuil, 2000.

son apogée, une fierté, un réservoir d'emplois, de savoir-faire et de sociabilités. Je suis fière d'appartenir à cette histoire. Je ne suis pas sûre que j'aimais l'école, je n'en sais rien. J'y ai bien vécu, comme d'autres, des moments désagréables. Il y avait bien des « histoires d'enfants », mais aussi d'adultes. On n'a probablement pas toujours été « à bonne école ».

Une partie de ce livre, dont ces quelques lignes, a d'ailleurs été rédigée dans une ancienne école bretonne d'enseignement religieux, réhabilitée en gîte. Tout le folklore scolaire d'antan y est réuni : les petits bureaux en bois à l'assise intégrée et inconfortable, les ardoises et les craies, le parquet qui craque… Car il ne faut pas oublier que les services publics, qui ont accompagné la République, et son corollaire, la laïcité, sont venus remplacer des missions autrefois prises en charge par l'Église catholique.

Nous vivons désormais collectivement les services publics sur un mode essentiellement décadent. Ils ont déserté les lieux du jour au lendemain sans aucune explication. Cette réalité est tangible, palpable, visible, vécue. C'est le syndrome de l'abandon, pour partie ressenti, pour partie réel. Nous semblons assister, impuissants, si ce n'est à « la fin de l'histoire[1] », au moins à la fin d'une histoire.

Dans l'enquête annuelle « Fractures françaises » de 2023, il apparaît que le sentiment de déclin gagne du terrain en France, parmi toutes les catégories de la population, y compris chez les jeunes, puisque trois quarts des Français disent s'inspirer de plus en plus des « valeurs du passé » et pensent que « c'était mieux avant[2] ».

1. Francis Fukuyama, *La fin de l'histoire et le dernier homme*, Paris, Flammarion, 1992.
2. Onzième vague de l'enquête annuelle, réalisée par Ipsos-Sopra Steria pour *Le Monde*, la Fondation Jean-Jaurès, le Cevipof et l'Institut Montaigne.

Et si nous faisions fausse route ? Et si la situation n'était pas si désespérée qu'elle n'y paraît ?

Nous faisons comme s'il y avait eu un apogée des services publics, par un formidable subterfuge de notre mémoire individuelle et collective.

Il nous faut donc préciser d'emblée que la fièvre nostalgique est une maladie de la modernité.

Ce que nous regrettons aujourd'hui ne l'a pas toujours été. C'est surtout progressivement à partir du XIXe siècle, avec l'avènement des États modernes tels que nous les connaissons aujourd'hui, que des fonctions ont été de plus en plus socialisées et prises en charge par les pouvoirs publics[1]. Ce n'était pas que pour le bien des administrés d'ailleurs, mais avant tout pour garantir l'ordre et la sécurité sanitaire, contrôler les populations, notamment les pauvres et les marginaux. Après l'émergence de l'État-providence au milieu du XXe siècle (nationalisations, Sécurité sociale, planification économique et territoriale...) et les « Trente Glorieuses » qui ont suivi, la crise du modèle au tournant des années 1970 (crise économique) et des années 1980 (tournant idéologique néolibéral) a conduit à la remise en cause de la place de l'État dans la société, au profit du marché et des individus, ce qui autorisera l'affirmation suivante sous la plume du professeur de droit public Jacques Chevallier : « Le mythe du service public a perdu beaucoup de sa puissance évocatrice[2]. »

1. La monarchie avait déjà commencé à instaurer une administration puissante au préalable. La Révolution française avait enfanté des communes et des départements. L'An VIII avait créé le Conseil d'État et les préfets.

2. Jacques Chevallier, *Le service public*, Paris, PUF, 2018.

Notre problème aujourd'hui réside dans cette impasse : la bataille politique et sociale est essentiellement menée sur un mode défensif, sans vision d'avenir. C'est précisément à cet endroit que se situe le malaise, dans cette incapacité à nous détacher de ce passé ressassé, qui nous empêche de nous projeter dans un avenir désirable et de créer du nouveau.

Et si, *in fine*, notre approche actuelle des services publics en disait bien davantage sur nous-mêmes que sur les services publics en tant que tels ?

L'autorité dévoyée

Faute de pouvoir résoudre l'inextricable équation, les politiques, comme, du reste, les commentateurs de plateau, font appel au symbolique. Et quoi de plus symbolique et œcuménique que le « retour de l'autorité » ? Mais de quelle forme d'autorité est-il question ? Celle qui violente et humilie, et qui est une autorité dévoyée, comme nous l'a enseigné Hannah Arendt[1] ? Ou celle qui respecte les individus tels qu'ils sont et leur permet de trouver leur voie ?

Les adultes « ont oublié. Ils ne se souviennent plus des enfants qu'ils étaient », dit la mamie à l'enfant qui se demande « pourquoi les adultes détestent les enfants » dans l'album de Nicolas Mathieu et illustré par Pierre-Henry Gomont[2].

En mai 2024, la ministre de l'Éducation nationale et de la Jeunesse Nicole Belloubet évoquait en ces termes, à la radio, son expérience personnelle de l'école : « Je me suis toujours

1. Hannah Arendt, « Qu'est-ce que l'autorité ? » trad. Marie-Claude Brossollet et Hélène Pons, in *La crise de la culture*, Paris, Gallimard, 1972.
2. Nicolas Mathieu, Pierre-Henry Gomont, *Le secret des parents*, Arles, Actes Sud, 2021.

levée quand le professeur arrive dans la classe. Il y a des gestes naturels de respect de l'autre. » Sauf que des professeurs ou d'anciens professeurs ont réagi sur les réseaux sociaux, expliquant par exemple arriver en même temps que les élèves pour les accueillir devant la classe, les saluer et éventuellement en profiter pour reposer le cadre. La réalité est parfois loin du vécu et des représentations ministérielles.

Bien sûr, nous ne pouvons pas mettre la poussière sous le tapis. François Dubet et Najat Vallaud-Belkacem rappellent que, si les enseignants consacrent quinze minutes en début de chaque cours pour établir le calme, cela pourrait représenter jusqu'à une année pour un collégien sur ses quatre années de scolarité[1].

Pour autant, l'OCDE nous apprend que « les élèves accepteront mieux les règles et les sanctions imposées par les enseignants s'ils les perçoivent comme justes [...] Les enseignants qui consacrent du temps à développer des relations individuelles avec les élèves, en portant attention à leurs attentes, en montrant leur appréciation pour leur travail et en formulant des commentaires constructifs, sont plus susceptibles de faire respecter la discipline dans leurs cours[2]. »

Combien de jeunes échouent dans une classe à l'école, au collège, au lycée, ne comprennent pas ce qu'ils entendent, ne savent pas pourquoi ils sont là, n'arrivent pas à s'extraire des difficultés quotidiennes de leur environnement social ou territorial ? L'École peut-elle être tenue pour responsable ? Doit-on tout attendre d'elle ?

---

1. François Dubet et Najat Vallaud-Belkacem, *Le ghetto scolaire. Pour en finir avec le séparatisme*, Paris, Seuil, 2024, p. 31.
2. « Études économiques de l'OCDE : France 2024 », OCDE, 2024, page 135.

C'est un fait majeur : si nos services et nos agents publics ont perdu en autorité, c'est bien dans cette autorité prise au sens étymologique du terme, censée augmenter, élever, rendre autonomes et libres des citoyens et des citoyennes devenus acteurs et actrices de leur propre vie. Les jeunes d'aujourd'hui ne sont pas plus terribles que ceux d'hier. Ils ne grandissent pas dans le même monde. Mais ils n'en sont pas responsables.

Alors, à qui la faute ?

Dans *L'Enragé*, Sorj Chalandon[1] retrace les aventures d'enfants et d'adolescents à Belle-Île-en-Mer. Les « bandit(s), voyou(s), voleur(s), chenapan(s) » que dépeignait Jacques Prévert dans son poème « *La Chasse à l'enfant* » en 1934. Prisonniers dans une « colonie d'enfants », un bagne. Ces centres de « rééducation » existaient encore au xxe siècle. On y déportait les jeunes des villes et des champs que la société considérait comme déviants et dangereux. Parce qu'ils étaient perçus comme étant ontologiquement des « sales gamins », cela autorisait, en quelque sorte, la répression institutionnelle qui s'abattait sur eux, qui étaient nés dans la pauvreté, le dénuement, abandonnés et sans repères.

L'institution de l'inhumain était rendue possible par le regard que l'ensemble de la société portait sur ces jeunes. Ils étaient aussi un échec collectif. Car ces jeunes naissaient dans cette nation qui les rejetait. Cette société d'adultes qui n'ont pas hésité à traquer, débusquer, dénoncer, malmener ces jeunes quand ils se sont révoltés et enfuis par une nuit d'émeute.

Nous sommes aveuglés par nos préjugés, nos stéréotypes, nos pensées formatées, ce prêt-à-penser, qui est un prêt-à-gober, et un prêt-à-recracher. Notre vision anthropologique, c'est-à-dire la manière dont nous essentialisons et prêtons des

1. Sorj Chalandon, *L'enragé*, Paris, Grasset, 2023.

caractéristiques intangibles à certaines catégories de la population, définit notre répertoire d'actions. Si « l'homme est un loup pour l'homme », comme l'exprime par exemple Thomas Hobbes au XVIIe siècle dans son *Léviathan*, il mérite alors d'être traité comme tel.

La manière dont nous traitons certaines populations, les jeunes, les anciens, les habitants des quartiers, ceux des campagnes, ceux des outre-mer, les pauvres, les malades, les chômeurs, les étrangers, les personnes en situation de handicap, les SDF… en dit long sur nos perceptions, nos appréhensions, nos peurs, nos impensés et nos impuissances. S'il y a « décivilisation », celle-ci n'est peut-être donc pas du côté de ceux que l'on croit[1].

Au fond, ces appels au « retour de l'autorité » partout dans la société ne sont que l'expression « naturelle » de notre immaturité démocratique, de politiques qui espèrent uniquement des citoyens et des citoyennes qu'ils se tiennent sages. La fabrique de la docilité. Notre culture politique qui attend des enfants qu'ils ne fassent « pas de vague » est la même qui promeut des pratiques centralisées et descendantes, qui n'écoute pas les aspirations, les revendications, les souffrances, les injustices ressenties, les manifestations, les demandes de reconnaissance et d'attention dont nos concitoyens et nos concitoyennes s'estiment dignes.

Jouer à guichet fermé

Nos modes de vie ont changé. Les besoins ont évolué. Les comportements et les pratiques se sont diversifiés. Tout cela a profondément remis en question le modèle d'aménagement

1. « D'où vient le terme "décivilisation", utilisé par Emmanuel Macron pour qualifier les violences dans la société ? », article rédigé par France info, France Télévisions, 2023.

du territoire sur lequel l'État moderne s'est structuré pour déployer concrètement son projet d'égalité républicaine.

Certes, le bureau de poste bien visible qui structurait le paysage, les mentalités et la vie locale, a fermé. Il a pu être remplacé par une agence postale, tenue par la secrétaire de mairie. Ses horaires ont été réduits. Certes, les États membres de l'Union européenne ont décidé de libéraliser le secteur à la fin du xxe siècle, et la poste française, qui disposait d'un monopole, est devenue une société anonyme à capitaux publics, tout en continuant à s'acquitter d'obligations de service public. Mais dans leur ensemble les Françaises et les Français ont depuis développé d'autres usages, notamment sous l'effet du numérique. L'activité courrier a chuté. D'après l'ARCEP (Autorité de régulation des communications électroniques, des postes et de la distribution de la presse), le volume des envois de correspondance distribués en France et exportés a reculé de 6,5 % en moyenne chaque année entre 2013 et 2019[1].

L'usager peut désormais affranchir et poster lui-même ses envois dans les boutiques de la poste. Il est autonome. Il n'a même plus forcément besoin d'interagir avec un humain. Des automates sont à sa disposition et on ne manque pas de vous le rappeler quand vous avez cette étrange attitude qui consiste à vous adresser à un vrai humain en banque d'accueil. En apparence, cela semble convenir à la majorité des utilisateurs. L'activité colis est quant à elle concurrencée par d'autres opérateurs, et nous pouvons recevoir et envoyer nos paquets depuis des commerces ou notre domicile. De quoi nous plaignons-nous donc ?

1. « Les marchés du courrier, du colis et des activités connexes en France. Année 2022 », Observatoire du courrier et du colis, ARCEP, 2023, p. 4.

Volume d'objets adressés distribués en France et à l'export

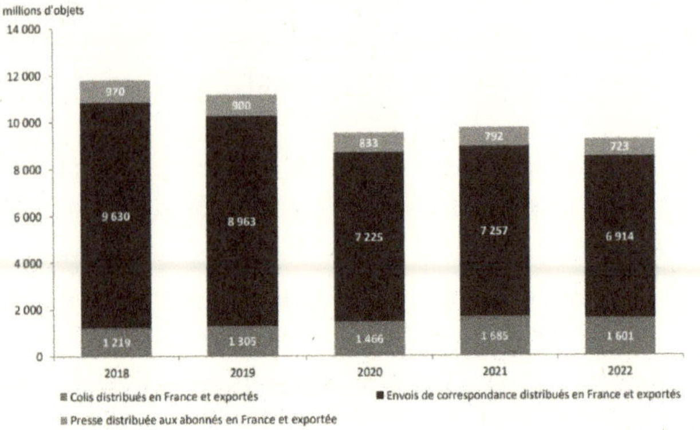

« Les gens, ils aiment qu'on s'occupe d'eux. Mon métier c'est du relationnel ». Ce samedi matin de printemps, Delphine accueille les usagers, aide les élus, réalise les démarches, reçoit et remet les colis à l'agence postale, prépare un baptême avec un élu qui représente le maire, prévient le département de l'annulation de la course cycliste, fait office de distributeur pour un papi venu de la commune voisine retirer 100 euros… La postière fait un passage éclair dans le bâtiment avant de repartir en tournée…

Christian, l'ancien postier que je voyais tous les mercredis midi chez mes grands-parents, n'est jamais bien loin. Il fait désormais partie de l'équipe municipale et il est bénévole dans pas mal d'initiatives associatives et citoyennes de la commune. Christian, on le guettait. Il vous accueillait avec le sourire. Il prenait le temps de vous demander comment vous alliez aussi, même s'il devait vite repartir vers la prochaine maison. C'était la course dans les petites routes de campagne, mais il vous donnait quand même gratuitement de ce temps précieux qui, l'air de rien, changeait votre journée. Toujours pressé, comme le lapin d'Alice aux pays des merveilles.

L'exemple de l'évolution de la poste est un symptôme. Le mythe de la libéralisation, censé rendre service aux consommateurs, comporte aussi sa part d'ombre. Sans nous en rendre compte, nous avons gagné en rapidité, en confort, en opportunités, en usages. Mais nous avons perdu l'essentiel en chemin.

On a fait comme si le facteur ne faisait que distribuer du courrier, une fonction logistique, quand il est un maillon relationnel quotidien de la République en actes. Comme si le médecin n'était là que pour délivrer une ordonnance, comme si la sage-femme n'était là que pour récupérer le bébé à la sortie, comme si le policier n'était là que pour attraper le voleur, comme si le magistrat n'était là que pour rendre un jugement, comme si le pompier n'était là que pour éteindre l'incendie, comme si l'assistante sociale n'était là que pour remplir des dossiers, comme si, comme si… et pourtant :

> « Je me suis pacsée avec mon compagnon entre les deux périodes de confinement du Covid en novembre 2020. […] Nous sommes arrivés à la mairie, avons été accueillis très gentiment par l'agente qui s'est occupée de nous. Elle a été très agréable, souriante et pleine d'humour pour ce moment qui aurait pu être vécu comme un simple enregistrement administratif. »

Une autre se souvient également d'un moment précis, « pendant la période Covid, l'accueil en mairie pour la vaccination avec un grand sourire malgré le risque ».

Le miroir, la loupe et le microscope

Il n'y a pas que les services publics qui ont fermé boutique dans nos territoires. D'autres opérateurs historiques de l'aménagement du territoire ont suivi le mouvement à l'image de Groupama ou du Crédit Agricole.

On ne saurait donc résoudre la problématique des services publics sans l'insérer dans une approche politique et partenariale plus vaste, intégrant les activités économiques et les autres déterminants de la vitalité territoriale (dont la qualité du tissu associatif). Le XXe siècle n'a pas été qu'une période d'expansion du rôle de l'État. Les employeurs ont aussi joué un rôle social de premier rang, qui fait aujourd'hui sérieusement défaut à bien des endroits (offre de logement, financement d'équipements et d'activités culturelles et sportives locales, aide au départ en vacances des salariés, soutien scolaire...) Que serait aujourd'hui une ville comme Clermont-Ferrand sans son entreprise Michelin ?

Il y a les commerces aussi. La fermeture ou la restriction d'activités de certains services publics ont d'ailleurs pu précéder la dynamique déflationniste. Mais qui fréquente encore les petits commerces plutôt que les grandes surfaces ? Qui achète encore ses habits en magasin plutôt que sur Internet ? Qui peuple le bar du coin ? Même les boîtes de nuit ne font plus recette à bien des endroits... et pourtant, les guinguettes, les fêtes de village, les festivals, les vide-greniers retrouvent aujourd'hui de la vigueur, et les bals populaires sont de retour !

Le mouvement est là, même s'il n'est pas toujours perceptible, ou désiré, ou juste. À Sadirac, en Gironde, le conseil municipal a installé un distributeur de billets dans la commune[1]. Ce service, jugé non rentable par la loi du marché, représente de nouvelles dépenses en investissement et en fonctionnement pour la collectivité, mais il rend un service indispensable, qui profite aux habitants comme aux commerçants. D'après la Banque de France, entre 2010 et 2020, le nombre de distributeurs automatiques de billets est passé en France

1. Éric Latouche, « Sadirac : un distributeur de billets installé dans la commune », *Sud Ouest*, 1er juin 2022.

de 60 000 à 48 700. Pour autant, « cette baisse se concentre essentiellement dans "les communes les plus peuplées et les mieux équipées" et n'a donc qu'un "impact très marginal" sur l'indicateur d'accessibilité[1] ».

Des services publics historiques se rétractent, quand d'autres formes apparaissent et s'étendent, au gré des besoins exprimés localement, du volontarisme politique, des finances publiques, et des stratégies des opérateurs privés. Nous n'avons plus toujours le bureau de poste tel que nous le connaissions, mais de nouveaux services, tarifés, professionnalisés, sont apparus (visites à domicile et investigation des besoins ; livraison de repas à domicile ; identification, diagnostic et aide au montage de dossiers de rénovation énergétique…) Le facteur est toujours là. On l'attend encore avec impatience pour certains, anxiété pour d'autres, quand il est porteur de mauvaises nouvelles. Il est devenu plus polyvalent et connecté. Depuis un moment, il a perdu son statut de fonctionnaire, que seuls les anciens ont pu conserver.

Beaucoup de parents manifestent contre la fermeture de classes dans des communes rurales, quand d'autres préfèrent mettre leurs enfants en ville, parce qu'ils y travaillent et que c'est plus pratique, ou parce qu'ils pensent, à tort ou à raison, offrir de meilleures chances à leurs enfants. La loi de l'offre et de la demande citoyenne s'impose. Citoyens, mais aussi consommateurs. C'est ce que j'appellerais « l'effet miroir ».

Les « déserts » de services publics et les territoires « oubliés » ne sont pas toujours là où l'on pense, comme nous le montrent les difficultés récurrentes à pourvoir les postes d'enseignants dans l'académie de Créteil, en région parisienne, contrainte d'organiser dans l'urgence des « *speed*

1. « La France est passée en 2020 sous le seuil des 50 000 distributeurs de billets en activité », *MaireInfo*, 19 juillet 2021.

dating » avec des prétendants contractuels. Le parc de piscines publiques est aussi inégalement réparti, moins implanté dans les quartiers (les communes avec au moins un quartier prioritaire disposent d'un taux d'équipement par habitant inférieur de plus de 40 % à la moyenne nationale) et les territoires péri-urbains (22 % de la population en zone péri-urbaine pour 14 % des équipements aquatiques du pays[1]). En termes de santé, 87 % du territoire est désormais considéré comme un « désert médical ».

Pourtant, il nous faut affiner les diagnostics pour prendre la mesure de la situation. Compléter les approches « macro » par des analyses et des réponses « micro ». Ça, c'est ce que je désignerais par « l'effet loupe ». C'est ce à quoi contribue un organisme comme l'IRDES, l'Institut de recherche et documentation en économie de la santé, en dressant par exemple des cartes de France donnant à voir des typologies d'accès aux soins. Le tableau ci-dessous[2] illustre la complexité de la tâche et les multiples variables, mouvantes, à prendre en considération, en proposant six classes de territoires de vie (*Classe 1 : Espaces périurbains avec une moindre accessibilité aux soins ; Classe 2 : Marges rurales, peu attractives et aux populations fragiles ; Classe 3 : Espaces de retraite et tourisme bien dotés en offre de soins ; Classe 4 : Espaces urbains ou ruraux défavorisés aux plans socio-économiques et sanitaires ; Classe 5 : Villes centres hétérogènes socio-économiquement, à l'offre de soins abondante ; Classe 6 : Villes et couronnes périurbaines favorisées*).

1. « Les piscines et centres aquatiques publics : un modèle obsolète », Cour des comptes, rapport public annuel 2018, février 2018.
2. Guillaume Chevillard, Julien Mousquès, « Accessibilité aux soins et attractivité territoriale : proposition d'une typologie des territoires de vie français », document de travail, IRDES, janvier 2019, p. 13.

Caractéristiques des classes de territoire de vie (TV) selon les variables actives							
Indicateurs	Classe 1	Classe 2	Classe 3	Classe 4	Classe 5	Classe 6	Moyenne
Effectifs	721	606	298	276	323	453	
Population (%)	21	13,2	7,4	11	29,3	17,6	
Offre de soins							
APL* au MGL	61,2	60,3	79,6	72,7	73,2	65,5	66,4
Densité de MGL pour 100 000 habitants	70,1	73,9	105,5	78,1	81,4	81,5	79
MGL de + de 60 ans (%)	28,4	37,4	31,3	31,7	32	27,9	31,4
APL aux infirmiers	82,5	76,9	146,1	97	96,3	87,2	92,3
APL aux masseurs-kinésithérapeutes	57	42	97,1	66,8	83,3	90,1	67,9
APL aux dentistes	35	30,8	52,9	38,5	55,2	53,2	41,9
APL aux gynécologues	4,1	1,9	3,7	5,1	9	7,7	4,8
APL aux pharmacies	27,3	31,7	35,3	35,9	38,3	30,9	32,1
Distance aux urgences	20	24,1	23	12,9	6,4	14,5	17,9
Distance à un EHPAD	3,5	4,2	3,2	2,3	0,5	1,9	2,9
Distance à un étab.SSR	12,7	13,9	14,3	8,9	4,7	8,9	11,1
Distance à un étab.MCO	16,8	17,9	18,4	11	5,1	11,5	14,3
Population							
Population 65 ans et + (%)	16,8	24,1	24,7	17,3	15,7	16,6	19,2
Population 0-4 ans (%)	6,4	5,1	4,7	6,3	6,7	5,8	5,8
Dynamique démographique 2008-2013	0,9	0	0,6	0,1	0,3	0,7	0,5
Ouvriers (%)	25,5	29,6	19,6	28,7	19,9	13,4	23,4
Employés (%)	27,8	27,9	30,1	30,5	31,1	24,4	28,1
Personnes âgées vivant seules (%)	27,3	29,9	29,1	32,5	33,9	26,9	29,3
Familles monoparentales (%)	10,7	11,1	13,1	15,1	18,9	13	12,9
Taux d'emploi (%)	68,5	64,2	62,5	58,9	61,5	68,6	65
Diplômés du supérieur (%)	22,8	16,4	23,5	18,5	27,5	38,1	24,2
Revenus médians en base 100	98,7	80,3	94,6	82,4	91,7	137,1	98
Mortalité prématurée	81,6	96,8	88,3	115,9	89,9	63,4	87,3
Mortalité évitable	50,7	51,5	47,8	72,8	49,1	36,5	50,2
Mortalité ttes causes (base 100)	101,4	107,3	100,8	120,5	97,3	87	101,7
Attractivité, structure spatiale							
Solde migratoire 2008-2013 (%)	0,5	0,3	0,8	-0,2	-0,5	0,2	0,2
Résidences secondaires (%)	5,1	14,6	33,8	3,5	2,4	3	9,6
Logements vacants (%)	7	10,8	5,9	7,6	7	5,3	7,5
Distance à un grand pôle urbain	13,2	27,6	19,4	6,1	0,6	2,2	13
Distance à un pôle de services de proximité	1,4	2,8	0,8	0,8	0,1	0,2	1,2
Distance à la mer	136,2	169,5	43,8	90,7	132,5	129,9	127,2
Locaux connectés au très haut débit (%)	30	21,4	28,2	25,1	59,5	44,5	32,5

**APL Accessibilité potentielle localisée ; MGL : Médecins généralistes libéraux ; Ehpad : Établissements d'hébergement pour personnes âgées dépendantes ; SSR : Établissements de Services de soins et de réadaptation ; MCO : Établissements Médecine, chirurgie, obstétrique.*

Lecture : L'Accessibilté potentielle localisée (APL) correspond à des équivalents temps plein pour 100 000 habitants. Les mortalités prématurée et évitable correspondent à des taux standardisés selon l'âge pour 100 000 habitants. Les distances sont exprimées en minutes.

Réalisation : Irdes, 2018. Sources : CépiDc-Inserm, CGET, Insee, Irdes, Snir-PS.

Nous disposons désormais d'outils utiles pour la conduite des affaires publiques. Nous prenons conscience de nos effets de microscope, car un problème public ne saurait se limiter à nos impressions personnelles ni à une approche segmentée. Notre bonne santé ne dépend pas que du médecin. Notre bonne éducation ne dépend pas que de l'enseignant. Il n'est pas certain que le périmètre communal soit toujours le plus pertinent, car non seulement nos vies contemporaines nous ont imposé la mobilité, mais l'expertise acquise, comme la nécessité de mutualiser les moyens, concerter, coordonner, appellent à imbriquer d'autres échelles d'action.

Nous ne voulons plus nous faire imposer. Nous ne supportons plus de « ne compter pour rien », d'en être réduits à des données chiffrées et désincarnées, des moyennes, des médianes, des statistiques, des pourcentages, des kilomètres, des heures ou des minutes, quand une vie peut parfois se jouer à la seconde. C'est toute la difficulté de notre action publique au XXIe siècle. Nous ne voulons plus un quadrillage uniforme du territoire. Au pays de Descartes, nous boudons la raison scientifique quand il s'agit de nos vies quotidiennes. Certains ont l'impression de devoir supporter le fardeau plus que d'autres, à l'image des ruraux, des habitants des quartiers et des ultramarins. Plus de distances parcourues, des horaires de services réduits, du carburant de plus en plus cher, des discours venus de la capitale qui vous rendent coupables. Et puis la faille sismique s'agrandit : à Paris, 97 % de la population a accès en moins de cinq minutes à pied à une boulangerie, à une boucherie ou une supérette[1].

1. « Les commerces du quotidien dans le Grand Paris », APUR, note n° 188, novembre 2020.

Un modèle dépassé ?

La liste est longue des injonctions contradictoires auxquelles les pouvoirs publics sont désormais confrontés. Je pense aussi à cet employé municipal, Ludo, qui ne ménage pas sa peine pour faire vivre la nouvelle médiathèque ouverte en cœur de bourg. Il est avenant, passionné, fier de son métier. Mais il doit bien concéder que « les usagers ne se bousculent pas toujours ». La médiathèque a de la concurrence : nos smartphones, ordinateurs, tablettes et liseuses proposent des collections bien plus importantes, sans avoir besoin de se déplacer aux horaires d'ouverture de l'équipement, sans durée d'emprunt limitée. Ludo sait pourtant combien un livre, un seul livre, peut changer une vie. Il a la vocation, comme d'autres ont la foi.

C'est d'ailleurs ce que m'a confirmé l'une des participantes à mon enquête : « De mes 10 ans environ à mes 15 ans, j'ai fréquenté très régulièrement la bibliothèque municipale de ma commune, dont le service était surtout assuré par des bénévoles. J'y ai trouvé un environnement accueillant au sein duquel je me sentais très en sécurité, je pouvais accéder à tout un tas d'ouvrages pour un prix défiant toute concurrence, des agents bénévoles bienveillants s'assurant toujours que je trouvais ce qu'il me fallait ou disponibles pour me conseiller, m'orienter dans les rayonnages. »

Même si elle est parfois peu fréquentée par le public, la simple présence physique de la médiathèque, ou d'un espace qui fait « fonction de », matérialise quelque chose de précieux, de non marchand, de désintéressé. Ces équipements collectifs sont nos totems. Ils sont situés à des endroits bien particuliers, généralement des lieux de passage, ou dans un quartier bien précis, parce que cet équipement doit jouer son rôle social. Mais pouvons-nous avoir la certitude que ces objets de rites nous survivront ?

À l'été 2023, sous l'effet de l'envolée des prix de l'énergie, de la vétusté des équipements et de la pénurie de surveillants de baignade, certaines collectivités ont été contraintes de fermer leur piscine publique[1]. Notre think tank avait alors alerté sur la situation des plus de 4 000 piscines publiques que compte notre pays[2]. La France est par ailleurs l'un des pays les mieux équipés en piscines privées au monde (plus de trois millions de logements sont équipés). La piscine privative marque une forme de réussite sociale. Mais nous savons que cette expansion d'équipements aquatiques privés pose un problème face à la nécessité de mieux réguler les usages de l'eau et des sols. La piscine entre particuliers pourrait-elle venir supplanter la piscine publique ? La Cour des comptes n'avait-elle pas conclu que « l'offre de piscines publiques répond à un modèle ancien désormais inadapté[3] » ?

Nous avons de nouveaux besoins qui sont apparus sous l'effet des évolutions sociétales. Ce n'est pas une anomalie dans notre histoire.

Les nouvelles technologies et la sophistication des moyens de navigation ont *de facto* réduit drastiquement l'utilité des phares (nationalisés à la fin du XVIIIe siècle) le long de nos côtes, qui ont pourtant sauvé bien des vies au fil des siècles. Il en est de même des bains-douches, qui ont fleuri dans de nombreuses communes de France au tournant de la fin du XIXe siècle et du début du XXe siècle. Si les bains-douches sont

1. Laura Fernandez Rodriguez, « Ouvrir ou fermer sa piscine municipale : le temps des décisions "difficiles à prendre" », *La Gazette des communes*, 21 août 2023.

2. « Piscines publiques : attention aux fermetures », Le Sens du service public, 2023.

3. « Les piscines et centres aquatiques publics », Cour des comptes, rapport cité, 2018.

désormais devenus moins nécessaires, il en existe encore dans certaines villes, permettant notamment aux plus précaires et aux sans domicile d'avoir accès à un minimum de dignité.

En matière de sécurité, aujourd'hui, les services de police doivent faire face à l'imagination toujours plus débordante des trafiquants et des vendeurs de drogue, avec un secteur lui-même en pleine ubérisation, qui dispose de ses plateformes de livraison à domicile. Le trafic de drogue n'est d'ailleurs plus cantonné aux villes : les campagnes servent à la fois de refuge et de nouveaux marchés, posant des défis nouveaux à la gendarmerie.

Les aspirations des agents publics ont aussi beaucoup évolué et il devient parfois difficile d'assurer la continuité du service sur l'ensemble du territoire. Les enseignants ne sont plus forcément disposés à être affectés à l'autre bout de la France, loin de leurs attaches familiales et amicales et sur des territoires qu'ils ne connaissent pas. Il n'est pas certain que cela soit même favorable à la qualité des enseignements. Nous en arrivons à un tel niveau d'absurdité que des enseignants contractuels choisissent, ou imposent de fait, leur affectation, tandis que des professeurs titulaires obéissent aux règles d'affectation, ou démissionnent. Ce n'est pas un problème de statut, mais de gestion RH.

Les professionnels de santé ne sont plus tous disposés à venir s'implanter dans certains territoires, après avoir réalisé leurs études dans des centres urbains, où ils ont pu rencontrer leur compagne ou leur compagnon. Le temps médical disponible est aussi plus réduit. Les professionnels de santé ne sont plus prêts à occuper deux postes à temps plein, et pour un médecin partant en retraite, il en faut bien souvent deux désormais. La recherche de préservation de la vie privée comme la féminisation de certains métiers ont favorisé ces évolutions qui, si elles réduisent le temps médical disponible, constituent d'indéniables avancées sur le plan sociétal.

Auparavant, les agents de guichet étaient protégés par des plexiglas, aujourd'hui ils se retrouvent en prise directe avec les usagers, eux aussi « à portée de baffe ». La violence symbolique et sociale de nos sociétés se retourne contre les serviteurs du bien public. Les pompiers, les policiers, les militaires, les professionnels des secteurs de la santé et du social ou encore les enseignants, au contact du public, sont particulièrement exposés. Du personnel de sécurité privée est parfois mobilisé aux urgences. Des cours de self-défense sont donnés à des agents publics. Le sentiment d'insécurité au travail concerne ainsi 22 % des agents de la fonction publique, souvent ou de temps en temps, contre 14 % des salariés du privé[1].

Les transitions de modèles génèrent frictions et effets d'éviction, qui pénalisent généralement les moins bien dotés en termes de capital économique, social ou culturel. La célèbre citation d'Antonio Gramsci demeure plus que jamais d'actualité : « Le vieux monde se meurt, le nouveau monde tarde à apparaître et dans ce clair-obscur surgissent les monstres. »

1. « Les agents de la fonction publique plus souvent victimes de violences dans le cadre de leur métier que les salariés du privé », Daphné Chédorge-Farnier, Point stat, ministère de la Transformation et de la Fonction Publiques, 2024.

Malaise dans la société

Une société désorganisée

Notre monde semblait parfaitement réglé et balisé. Les choix et les opportunités étaient limités. On s'y repérait facilement. Aujourd'hui, tout, ou presque, devient possible, désirable, accessible.

Maintenant, « tu ne saurais plus à qui t'adresser », pour reprendre une expression maintes fois entendue.

Les pouvoirs publics, qui ne jouent pas avec les mêmes armes et les mêmes temporalités que d'autres, ont quasi systématiquement plusieurs trains de retard par rapport à des acteurs privés plus ou moins puissants, qui ne s'embarrassent pas toujours de préoccupations d'intérêt général telles que la légalité, l'égalité d'accès, la durabilité, le respect de la vie privée, la santé publique, la sécurité, l'aménagement du territoire… Il n'y a qu'à voir le développement anarchique des puffs (cigarettes électroniques jetables…), des trottinettes, vélos ou scooters en « *free floating* », Uber, Airbnb, Waze, des centres de santé privés lucratifs… L'usage précède tout. C'est la stratégie du pied dans la porte ou du fait accompli. La puissance publique est ignorée, contournée, défiée. Elle n'est pas dans l'action, mais dans la réaction, et ça crispe.

Le sentiment de dépossession et d'impuissance n'en est que décuplé. La faiblesse des acteurs publics face aux forces du marché est tellement incompréhensible qu'elle en vient parfois à être interprétée comme une forme de connivence, une sorte de corruption passive. Certains y voient le fruit de la volonté politique : « ils font tout pour que ça ne marche pas » ou « c'est juste pour emmerder et puis c'est tout ».

Pour en contrer les effets néfastes, il faut régulièrement adapter la législation, mettre en place des modalités de régulation et de contrôle. En somme, plus de complexité, plus d'agents publics spécialisés et plus de dépenses publiques pour rétablir un semblant d'équilibre et reprendre un peu la main. Le coût public est invisibilisé et socialisé. Impossible de suivre une telle cadence. Nous avons rarement eu autant d'outils de gestion publique et dans le même temps jamais eu autant d'initiatives de déstabilisation du cadre existant.

À l'ère de l'« individualisme de singularité[1] », chacun revendique en outre une légitime reconnaissance de ses particularités subjectives et de ses préférences.

Qui décide réellement de la société dans laquelle nous vivons ?

Les inégalités territoriales

> « Devant le portail vert de son école primaire
> On le reconnaît tout de suite
> Toujours la même dégaine avec son pull en laine
> On sait qu'il est instit'
> Il pleure la fermeture à la rentrée future

1. Pierre Rosanvallon, *Les épreuves de la vie. Comprendre autrement les Français*, Paris, Seuil, 2021.

De ses deux dernières classes
Il paraît que le motif c'est le manque d'effectif
Mais on sait bien ce qui se passe

On est les oubliés
La campagne, les paumés
Les trop loin de Paris
Le cadet de leurs soucis
[…][1] »

Le déploiement d'un maillage fin d'administrations, de services et d'équipements publics a constitué l'un des principaux pans des politiques d'aménagement du territoire. Ces démarches volontaristes, appuyées par de puissantes administrations étatiques, ont pu donner facialement l'illusion de l'égalité, par une politique de la proximité, qui a plus souvent rimé avec uniformité.

La proximité n'est pas qu'un enjeu géographique, mais d'abord et avant tout une « demande d'attention[2] », de sorte qu'à la « proximité objective », que l'on mesure par des indicateurs chiffrés, il nous faut désormais associer une « proximité subjective », qui intègre les perceptions[3] :

« La meilleure expérience avec les services publics, c'est lorsque vous posez une question à un agent public et que celui-ci prend le temps de vous écouter, cherche une réponse

1. Extrait de la chanson de Gauvain Sers, *Les Oubliés.*

2. J'emprunte cette expression à Martin Vanier dans un article paru dans la revue *Horizons publics*, « La proximité, entre économie de l'attention et hold-up idéologique », n° 13, janvier-février 2020, p. 66.

3. « Services de proximité », in Jean-Louis Laville, Antonio David Cattani (dir.), *Dictionnaire de l'autre économie*, Paris, Gallimard, 2006.

adaptée à votre problématique et vous oriente le plus précisément possible afin de résoudre le problème[1]. »

Le sentiment d'une dégradation générale des services publics est néanmoins assez largement partagé au sein de la population française, particulièrement dans certains territoires. Plus de six ruraux sur dix ont le sentiment que l'accès aux services publics s'est dégradé[2]. En 2017, un Français sur trois éprouvait déjà le sentiment d'un « délaissement territorial », même si neuf Français sur dix exprimaient de la satisfaction quant à leur cadre de vie quotidien[3]. Ce sentiment est d'autant plus grand pour les plus pauvres, les non diplômés et surtout les chômeurs.

Le sentiment de délaissement est le plus fort dans les communes éloignées des grands pôles

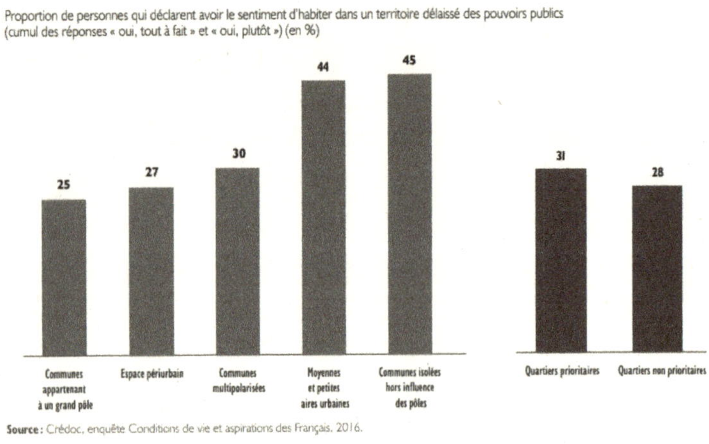

---

1. Réponse formulée par un participant à mon enquête en ligne.
2. « Territoires ruraux : perceptions et réalités de vie face aux défis des transitions », Ifop, 2021.
3. N. Guisse, S. Hoibian, « Près d'un Français sur trois estime vivre dans un territoire délaissé par les pouvoirs publics », Crédoc, Consommation & Modes de Vie N°CMV295, 2017.

La densité de population, réduite sous l'effet de l'exode rural, et l'implantation plus dispersée des habitations, compliquent sérieusement la tâche des pouvoirs publics. Nous devons aussi ajouter une dimension régulièrement sous-estimée: si la qualité de vie semble meilleure à la campagne, la précarité y tient aussi une place importante. La carte des territoires relégués se superpose à la carte des inégalités socio-économiques.

Malgré les efforts considérables d'investissement réalisés, les enfants ruraux, soit un enfant sur trois, sont plus éloignés des services et équipements (crèche, professionnels de santé, équipements culturels et sportifs). Ils disposent en moyenne de huit places en crèche à moins de quinze minutes pour cent enfants de moins de 3 ans, contre vingt-six en milieu urbain. Ils résident en moyenne à vingt-cinq minutes en voiture d'un pédiatre contre sept minutes en milieu urbain. Les collégiens des territoires ruraux isolés mettent en moyenne quatre fois plus de temps que les collégiens urbains pour se rendre dans leur établissement[1]. En revanche, les effectifs d'élèves par classe ont tendance à y être moins importants, du fait même de la variable démographique.

L'association des maires ruraux de France (AMRF) rappelle également que deux bassins de vie ruraux sur trois manquent de médecins généralistes et que, dans ces bassins de vie, un médecin généraliste couvre en moyenne 30 km^2 (contre 5 km^2 dans les bassins urbains)[2].

1. Pauline Virot, « Grandir dans un territoire rural: quelles différences de conditions de vie par rapport aux espaces urbains? », *Études et Résultats*, DREES, n° 1189, paru le 24 mars 2021.
2. « Études sur la santé en milieu rural. Analyse de la répartition des médecins à l'échelle de bassins de vie », AMRF, 2022.

En matière d'accompagnement à l'emploi, moins de 20 % des bassins de vie ruraux disposent d'agences ou de relais Pôle emploi contre plus de 50 % des bassins urbains intermédiaires[1].

Les problématiques propres à ces territoires ne cessent d'être invisibilisées de nos représentations et de nos imaginaires. La chaîne France Ô, du groupe France Télévisions, a ainsi été supprimée à l'été 2020. Loin des yeux, loin du cœur[2].

Les services publics participent à la désirabilité d'un territoire, tout autant que la désirabilité d'un territoire participe de la bonne santé des services publics. Pour ne prendre que cet exemple, certaines campagnes se portent bien, quand d'autres cumulent les difficultés. Notre sondage sur les inégalités d'accès aux services publics dévoile ainsi que les réponses des Français peuvent varier selon qu'ils se considèrent comme résidant dans un territoire rural, périphérique, urbain en déclin/stagnation ou à l'inverse en expansion/développement[3].

---

1. David Lévy, Virginie Mora, Simon Prusse, « Le nouveau zonage en bassins de vie 2022 : 1700 bassins de vie façonnent le territoire national », *INSEE Analyses*, n° 83, 2023.
2. Rémi Branco, *Loin des villes, loin du cœur. La gauche veut-elle regagner les campagnes ?*, Fondation Jean-Jaurès, l'Aube, 2024.
3. « Les inégalités d'accès aux services publics en France… », sondage cité, 2025.

La facilité d'accès à certains services publics

Q. Et diriez-vous que vous avez facilement ou difficilement accès à l'offre de chacun des services publics suivants ? 2061 personnes

		% Facile	PERCEPTION DU TERRITOIRE					
			Rural en développement ou expansion	Rural en stagnation ou déclin	Périphérique en développement ou expansion	Périphérique en stagnation ou déclin	Centre en développement ou expansion	Centre en stagnation ou déclin
Base : 609	L'école primaire*	88%	90%***	87%	89%	86%	91%	81%
Base : 609	Le collège*	87%	85%***	81%	90%	81%	93%	86%
Base : 596	Le lycée**	80%	75%***	68%	86%	81%	86%	80%
	La Poste	78%	79%	73%	83%	75%	82%	75%
	La police ou la gendarmerie	78%	81%	76%	85%	76%	81%	69%
	L'offre culturelle et sportive	74%	83%	53%	85%	68%	85%	74%
	Les services d'état civil	71%	77%	60%	73%	64%	80%	69%
	Le SAMU, le SMUR et les pompiers	70%	77%	64%	77%	63%	77%	66%
	La maternité	68%	74%	54%	72%	62%	75%	71%
	France travail (ex-Pôle emploi)	67%	71%	63%	68%	63%	72%	66%
	Les transports publics	66%	72%	59%	69%	56%	74%	64%
	L'hôpital	66%	56%	32%	67%	58%	83%	76%
	Les téléservices	65%	72%	61%	70%	54%	70%	67%
	Les Maisons France Service	60%	61%	62%	70%	52%	64%	53%
	Les administrations de Sécurité sociale (CAF, CPAM, MSA...)	58%	57%	49%	66%	50%	68%	53%
	Le tribunal	56%	62%	42%	60%	50%	68%	56%
	La crèche ou autre solution collective de garde de jeunes enfants	52%	59%	38%	64%	50%	57%	46%

opinionway POUR Sens du service public

*Items posés uniquement aux parents d'enfants de moins de 18 ans. /**Item posé uniquement aux parents d'enfants de moins de 20 ans.
***En raison d'un faible nombre d'interviews, les résultats sont à interpréter avec précaution. / ****Base insuffisante.

1

Cela impacte les stratégies professionnelles et résidentielles, comme l'illustre le cas des professionnels de santé. Une étude de l'INSEE ayant suivi une cohorte de praticiens conclut : « La commune de naissance ainsi que l'université dans laquelle ils ont fait leur internat contribuent à déterminer leur territoire d'installation. » Cette étude rappelle également que les changements de lieux sont fréquents les premières années d'exercice, avant de se stabiliser au bout d'une dizaine d'années[1].

1. Julien Silhol, « Les médecins généralistes libéraux s'installent souvent à proximité de leurs lieux de naissance ou d'internat », INSEE, 2024.

Répartition des lieux d'installation des médecins généralistes formés dans les années 2000 par type d'aires d'attraction des villes, en 2019, en %

Aire d'attraction	Installations des médecins	Médecins de 55 ans ou plus	Ensemble de la population	Population âgée de 65 ans ou plus	Population sous le seuil de pauvreté	Diplômés de Bac+5 ou plus âgés de 35 à 44 ans
Hors attraction des villes	5,3	6,3	6,6	8,7	6,7	1,9
Moins de 50 000 habitants	9,9	11,9	12,1	15,0	12,1	5,7
De 50 000 à moins de 200 000 habitants	14,9	18,1	18,4	20,4	18,4	10,5
De 200 000 à moins de 700 000 habitants	30,6	24,3	23,3	23,7	23,6	18,5
De 700 000 habitants ou plus (hors Paris)	26,1	20,1	20,0	17,3	18,7	27,1
Aire de Paris	13,1	18,7	19,6	14,8	20,5	36,3

Lecture : 5,3 % des médecins généralistes libéraux ayant débuté l'internat entre 2004 et 2007 exercent en 2019 en dehors des aires d'attraction des villes.
Champ : Médecins généralistes libéraux nés, et exerçant en France, ayant débuté l'internat entre 2004 et 2007 en France, observés en 2019.
Sources : Insee, base des non-salariés, recensement de la population, fichier localisé social et fiscal (Filosofi), répertoire Sirene ; arrêtés ministériels d'affectation en internat ; Drees, Répertoire Partagé des Personnel de Santé.

L'exemple des maternités

La situation des maternités, dont le nombre a diminué de plus de 30 % depuis le début des années 2000, résume à elle seule les injonctions qu'il nous faut résoudre. Dans l'étude sur les femmes vivant en milieu rural que nous avons co-réalisée avec Émilie Nicot en 2023[1], près de 70 % des répondantes à notre enquête disaient préférer la petite structure de proximité pour accoucher.

Dans la pratique, le souhait des populations de disposer de solutions de proximité se heurte au manque de professionnels, aux progrès de la médecine, à la sophistication croissante d'équipements onéreux et aux limites de la pratique médicale, les spécialistes estimant qu'en deçà d'un certain nombre d'accouchements par an (le seuil est fixé à 300), les risques augmentent pour la mère et l'enfant. Le risque zéro n'existe pas. Sommes-nous prêts à l'accepter ? Comment arbitrer entre proximité et sécurité lorsque ces deux impératifs ne sont plus conciliables, au moins à court terme ?

Mais la sécurité physique peut-elle supplanter la sécurité psychologique ? Les Françaises ont-elles été associées aux choix structurants qui ont présidé aux politiques en la matière ? A-t-on anticipé les restrictions de l'offre médicale et proposé dans la même temporalité des solutions acceptables ?

Il faut dire que notre société a organisé un système de dépendance. Les Françaises ont peu de choix de structures possibles pour accoucher. Ce n'est pas le cas dans d'autres pays. La médicalisation des accouchements, généralisée à partir des années 1970, avait suscité des controverses[2].

À rebours de discours simplificateurs, la politique de périnatalité fait pourtant l'objet d'une attention particulière de la part des pouvoirs publics, comme le rappelle la Cour des comptes dans un rapport dédié en 2024[3] :

1. Émilie Agnoux et Émilie Nicot, *Accéder aux services publics en milieu rural*, Fondation Jean-Jaurès, 2023.
2. « Médicalisation de l'accouchement : naissance d'un débat », France culture, Sciences chrono, 8 juin 2024.
3. « La politique de périnatalité », Cour des comptes, 2024.

> « Alors que les moyens consacrés à la politique de périnatalité augmentent (9,3 Md€ en 2021, soit +9 % par rapport à 2016) et que la natalité recule (-5,3 % sur la même période), les résultats observés sur le plan sanitaire posent la question de l'efficience des moyens alloués. Les principaux indicateurs de la santé périnatale – mortinatalité, mortalité néonatale et mortalité maternelle – mettent en évidence une performance très médiocre de la France par rapport aux autres pays européens. L'hexagone se situe en effet au 22e rang sur 34 pays européens en termes de mortalité néonatale. »

Penser uniquement en termes géographiques constituerait une grave erreur de diagnostic, dans la mesure où de nombreux déterminants peuvent jouer un rôle : la précarité du milieu familial, les comportements à risques pendant la grossesse, la prématurité du nouveau-né, les grossesses plus ou moins tardives… autant d'éléments à intégrer dans nos politiques en la matière.

Nous aurions tort également de limiter la maternité au seul moment de l'accouchement et à la seule structure d'accouchement. La maternité commence bien avant la naissance de l'enfant. D'autres acteurs accompagnent le(s) futur(s) parent(s) dans ce projet de vie, à commencer par l'entourage, l'employeur, les associations, les collectivités locales et notamment les services de protection maternelle et infantile (PMI).

À partir de ce type de cas pratique, nous devons nous interroger sur ce que signifie l'égalité réelle, si nous sommes en capacité d'y parvenir, et à quelles conditions.

Le temps et l'espace

Les Françaises et les Français se déplacent, voyagent, se rencontrent, s'informent beaucoup plus que par le passé. Les progrès de la connaissance publique nous dévoilent, chiffres et études de cas à l'appui, le poids des héritages, des conditionnements, des inégalités de destin. L'action publique ne se déploie plus à l'aveugle. Les recettes d'hier ne se révèlent plus toujours adaptées.

Cela est d'autant plus vrai que le changement climatique pourrait conduire à des recompositions territoriales que nous devons d'ores et déjà anticiper et organiser. La répartition des populations pourrait être profondément remodelée dans les décennies à venir. Le destin de notre pays ne peut uniquement dépendre de tactiques résidentielles individuelles.

Les atouts d'aujourd'hui ne seront plus ceux de demain. La faible artificialisation pourrait devenir un élément d'attractivité, quand le ZAN (zéro artificialisation nette) est aujourd'hui perçu comme un handicap.

L'offre de services publics devra être en capacité de s'adapter aux besoins qui en découleront. Mais comment anticiper de tels bouleversements ? Comment réguler les comportements individuels quand notre société se montre de plus en plus méfiante à l'égard de toute forme d'interdiction ? Comment ne pas réitérer les erreurs passées ?

Au moment de la création des lignes à grande vitesse (TGV) et des métropoles d'équilibre (Lyon, Bordeaux, Toulouse, Lille...), nos décideurs n'avaient pas pour objectif de vider les campagnes et d'exacerber les inégalités territoriales. Il s'agissait justement de rééquilibrer le territoire. L'Ardèche n'a plus aucune desserte ferroviaire depuis les années 1970, une période où modernité et liberté rimaient avec voiture pour tous. L'enfer est souvent pavé de bonnes intentions. De la même manière, les dispositifs dédiés aux quartiers prioritaires de la politique de la ville n'avaient pas pour objet d'accentuer la stigmatisation de ces territoires et de leurs habitants, mais de renforcer les moyens des services publics, ce qui est loin d'avoir été le cas. Nous aurions d'ailleurs tort de nous contenter de cette approche, alors même que 70 % des élèves de milieux défavorisés ne sont pas scolarisés dans des écoles du réseau prioritaire. Pourtant, on ne saurait limiter les conditions de réussite scolaire au seul critère de revenus[1].

Les catégories d'action publique et les effets de seuils peuvent aussi produire des effets rebond. Le dispositif de dédoublement des classes de CP et CE1 en réseau d'éducation prioritaire, une mesure a priori positive, a pu ainsi être perçu comme injuste par les territoires tenus à l'écart de la mesure. Dans le même temps, l'OCDE, dans son rapport de juillet 2024 déjà cité, rappelait que les écarts de résultats entre établissements tiennent davantage à la qualité des enseignements qu'à la taille des classes. Les locaux qui accueillent les écoles ne permettent pas non plus toujours de réaliser ces dédoublements dans de bonnes conditions. Une mesure générale uniforme de portée nationale a priori « de bon sens » ne saurait donc constituer une solution magique face à la complexité des configurations locales.

La rhétorique de la « fracture territoriale » ne nous aveuglerait-elle pas plus qu'elle ne nous éclaire sur le chemin qu'il nous faudrait désormais emprunter ? Le match entre la France des villes et la France des champs est maintes fois rejoué, quand localement certains territoires expérimentent à l'inverse les contrats de réciprocité pour rapprocher les habitants, ce qui leur permet de mener des actions communes en matière d'alimentation, d'emploi, de culture ou encore d'enseignement, à l'instar des communes du Teil (Ardèche) et de Villeurbanne (Rhône). La politique a-t-elle encore pour rôle de changer la vie ou simplement d'alimenter les clivages ?

1. *Mission Territoires et réussite*, rapport remis le 5 novembre 2019 à Jean-Michel Blanquer, ministre de l'Éducation nationale et de la Jeunesse, par Ariane Azéma et Pierre Mathiot.

Les inégalités de genre

L'émergence des services publics a constitué un puissant vecteur de libération des femmes, en venant prendre le relais de certaines fonctions sociales : la garde des enfants, leur alimentation (cantine scolaire) et leur instruction, le soin auprès des aînés… Ceci explique aussi en partie que ces métiers du soin et des liens soient aujourd'hui largement occupés par des femmes, et mal rémunérés[1].

L'expérience de la parentalité constitue aujourd'hui l'un des principaux freins dans l'émancipation économique et professionnelle des femmes. Les inégalités professionnelles entre femmes et hommes ayant le même niveau de qualification ont tendance à se creuser à l'arrivée d'un enfant. La carrière des hommes prend son envol, celle des femmes stagne ou croît moins vite. Les dernières marches vers l'égalité entre les genres sont hautes, et nous ne les franchirons pas sans interroger le rôle que jouent les services publics en la matière.

En 2023, notre étude menée auprès de plus de 300 femmes issues de 72 départements différents a notamment révélé que neuf répondantes sur dix s'occupent majoritairement des démarches administratives et de la relation aux services publics[2]. C'est dire combien les dysfonctionnements et les manquements de ces derniers affectent prioritairement les femmes : temps personnel réduit, vie professionnelle contrainte ou empêchée, santé dégradée, pouvoir d'achat amputé…

1. Vincent Jarousseau, *Les femmes du lien. La vraie vie des travailleuses essentielles*, Paris, Les Arènes, 2022.

2. Émilie Agnoux et Émilie Nicot, *Accéder aux services publics en milieu rural*, 2023, *op. cit.*

Dans *Le coût d'être mère*[1], les autrices Lucile Quillet et Lucile Peytavin rappellent ainsi que 160 000 parents sont sans solution de garde. À la campagne, les familles doivent plus souvent avoir recours à une assistante maternelle, plus onéreuse que la crèche[2].

Comme souvent, les problématiques spécifiques des femmes sont régulièrement invisibilisées dans le débat public, à commencer par la santé et l'accès à leurs droits sexuels et reproductifs dans des territoires en manque de professionnels mais aussi de structures associatives de type Planning familial. Les jeunes femmes de territoires ruraux sont aussi davantage amenées à quitter leur commune faute d'une offre de formation ou d'un emploi correspondant à leurs aspirations, ou doivent se satisfaire de l'offre de formation proposée sur place, qui les cantonne régulièrement à des métiers moins socialement valorisés. Les reconversions professionnelles sont rendues plus difficiles ou imposent un déménagement en ville. Les réseaux professionnels et entrepreneuriaux spécifiquement féminins font défaut. Autant de préoccupations désormais bien documentées[3], mais qui n'apparaissent pas comme des priorités politiques.

Les violences sexistes et sexuelles se font « plus silencieuses » à la campagne. 50 % des féminicides sont commis en

---

1. Lucile Quillet et Lucile Peytavin, *Le coût d'être mère*, Observatoire de l'émancipation économique des femmes, Fondation des Femmes, 2023.
2. Pauline Virot, « Grandir dans un territoire rural », 2021.
3. Cf. les travaux menés par Yaëlle Amsellem-Mainguy, *Les filles du coin. Vivre et grandir en milieu rural*, Paris, Presse de Sciences Po, 2021, ou encore par Perrine Agnoux, « Le genre du rapport à l'espace. Ancrages et mobilité dans l'insertion professionnelle des jeunes d'origine populaire en milieu rural », thèse de doctorat, 2022.

milieu rural et seulement un quart des appels pris en charge par le numéro 3919 proviennent d'un département essentiellement rural[1]. Même si les deux tiers des répondantes nous ont indiqué avoir facilement accès à la gendarmerie, d'autres barrières se dressent sur leur chemin comme le manque de gendarmes, les horaires d'ouverture réduits, un accueil pas toujours adapté, un manque de moyens de transport, le contrôle social du conjoint ou de l'entourage, l'éloignement des tribunaux, la contrainte sociale (stéréotypes de genre, auto-censure, etc.), l'isolement géographique, ou encore la faible présence d'associations spécialisées. Autant de sujets sur lesquels les pouvoirs publics peuvent apporter des réponses.

Pour les femmes en général, c'est la double, triple, quadruple peine, et bien davantage. Dans *Le prix des larmes*, Virginie Cresci[2] détaille notamment les frais de justice et de soin pour les victimes de violences sexistes et sexuelles, qui ne sont pas pris en charge par la société qui pourtant fabrique et autorise ces violences. Le haut conseil à l'égalité entre les femmes et les hommes met en effet en cause le rôle de la famille, de l'école et du numérique dans la perpétuation du sexisme[3].

À l'inverse, les injonctions politiques à être « un bon parent » s'adressent généralement davantage aux femmes à partir du moment où les femmes prennent toujours très

---

1. Chiffres issus du rapport de la délégation aux droits des femmes du Sénat « Femmes et ruralités : en finir avec les zones blanches de l'égalité », 2021.

2. Virginie Cresci, *Le prix des larmes. Le coût caché des violences sexuelles*, Paris, Grasset, 2024.

3. *Rapport - 6e état des lieux du sexisme en France : s'attaquer aux racines du sexisme*, haut conseil à l'égalité entre les femmes et les hommes, 2024.

majoritairement en charge les tâches domestiques et parentales[1]. Et les discours politiques sur le réarmement démographique aggravent la pression sociale sur les femmes.

La société, et donc aussi nos services publics, restent fondamentalement pensés par des hommes, à partir de leur point de vue, de leurs représentations, de leurs besoins et de leurs intérêts.

Ces biais sexistes dans l'action publique ne sont pas les seuls à conscientiser et à traiter. Les discriminations envers les personnes LGBTQIA+ ou les biais racistes conditionnent également nos politiques publiques. Les biais se cumulent et se renforcent. C'est le cas par exemple du « syndrome méditerranéen », qui peut conduire des soignants à considérer que les personnes d'origine africaine exagèrent leurs symptômes et leurs douleurs. C'est aussi le cas des contrôles d'identité discriminatoires. D'après la défenseure des droits, « par rapport à l'ensemble de la population et toutes choses égales par ailleurs, les jeunes hommes qui sont perçus comme arabes/maghrébins ou noirs ont une probabilité vingt fois plus élevée d'être contrôlés que les autres[2]. »

Les échecs de la démocratisation des services publics

« Quand on n'est pas privilégié, on doit compter énormément sur les services publics ». C'est avec cette conviction que

1. Clara Champagne, Ariane Pailhé, Anne Solaz, « Le temps domestique et parental des hommes et des femmes : quels facteurs d'évolutions en vingt-cinq ans ? », INSEE, Économie et statistique n° 478-479-480, 2015.
2. « Enquête sur l'accès aux droits. Volume 1. Relations police/population : le cas des contrôles d'identité », Défenseur des droits, 2017, p. 17.

la journaliste Anne Rosencher[1], observatrice attentive de la vie publique, a commencé notre conversation.

Cette affirmation va au-delà du « patrimoine de ceux qui n'en ont pas », citation de Jean Jaurès souvent évoquée pour défendre l'existence des services publics, car ces derniers ont plus d'ambition : ils ont une vocation universelle et s'adressent à l'ensemble de la population.

Le principal risque vital pour nos services publics repose précisément sur cette difficulté, d'une part, à réduire significativement les inégalités, appréhendées sous l'angle de plus en plus subjectif des injustices, et d'autre part à tenir d'un seul bloc la communauté nationale, selon l'expression consacrée « un service public pour les pauvres est un pauvre service public ».

Or, il faut bien dire que les promesses de démocratisation qui ont accompagné le déploiement massif de nos services publics n'ont pas toujours été tenues, et de nouveaux problèmes sont apparus.

Premier exemple, en matière éducative, l'objectif formulé par le ministre de l'Éducation nationale Jean-Pierre Chevènement de porter « 80 % d'une classe d'âge au niveau bac » a été largement atteint[2], mais les parcours d'étude restent profondément déterminés par notre milieu familial et nos appartenances territoriales. Les hiérarchies se recréent partout.

Le réveil peut parfois être brutal et la désillusion douloureuse, comme ce fut le cas pour Sophie, incarnée à l'écran

1. Anne Rosencher est directrice déléguée de la rédaction à *L'Express*, elle est également l'autrice d'*Un chagrin français*, Paris, l'Observatoire, 2022.

2. Cet objectif a été fixé en 1985, étant précisé que le ministre tablait alors sur un taux de réussite aux épreuves du baccalauréat de 75 %, ce qui ne signifiait donc pas qu'il y aurait 80 % de bacheliers.

par Suzanne Jouannet, une jeune femme brillante qui quitte sa ferme familiale pour intégrer une école préparatoire aux grandes écoles à Lyon, dans le film *La Voie royale* sorti en 2023. Dans leur essai *Les invisibles de la République*, Salomé Berlioux et Erkki Maillard évoquent également les phénomènes d'autocensure des jeunes, mais aussi les enseignants qui ne veulent pas trop faire rêver ou pousser ces jeunes, de crainte qu'ils ne se cassent le nez face au mur de la réalité, en créant autour d'eux des « bulles éducatives » pour les protéger[1].

C'est un phénomène dont j'ai pu parler avec Pierre Champollion, docteur en sciences de l'éducation[2], qui étudie ce sujet depuis une vingtaine d'années, et qui parle de « territoires symboliques dans sa tête », en prônant des pédagogies adaptées au contexte rural comme cela se pratique ailleurs en Europe (Catalogne), ainsi que des projets éducatifs de territoire qui permettent de changer les comportements d'orientation des jeunes et de leurs familles. Il m'évoque aussi un paradoxe : tandis que l'État décide de la fermeture de petites écoles rurales, la recherche démontre que ces écoles obtiennent de bons résultats en termes d'apprentissage, du fait notamment des pratiques pédagogiques qui s'y déploient.

On ne comprend pas non plus les inégalités de destin et les impasses de l'école si on ne regarde pas en face le fait que la plus grande partie de la vie des enfants ne se passe pas en classe mais en dehors (environ 35 % du temps pour un enfant en primaire est passé en classe pendant l'année scolaire). Sur une année pleine, un enfant passe environ 20 % à 30 % de son

1. Salomé Berlioux; Erkki Maillard, *Les Invisibles de la République. Comment on sacrifie la jeunesse de la France périphérique*, Paris, Robert Laffont, 2019.
2. Pierre Champollion est président d'honneur de l'Observatoire éducation et territoires.

temps à l'école (dont 17 % en classe), et donc 70 % à 80 % de son temps en dehors de l'école (dont 18 % du temps éveillé dédié aux écrans).

Pourtant, l'essentiel de l'énergie de nos dirigeants politiques se focalise quasi exclusivement sur le temps scolaire, les programmes et le personnel enseignant. Force est par ailleurs de constater que les collectivités ne jouent pas à armes égales quant aux moyens disponibles pour alimenter le temps périscolaire et que tous les parents ne sont pas égaux dans la capacité à accompagner leurs enfants dans leur parcours. Les dispositifs d'orientation, pris en charge par quelque 8 000 structures, sont essentiellement portés par les professeurs principaux. Mais 85 % d'entre eux n'ont reçu aucune formation spécifique à cette mission[1].

Deuxième exemple, avec l'enseignement supérieur, qui est une véritable plongée en eaux troubles : opacité des algorithmes de sélection, manque de transparence des modes de financement des universités, inégalités entre établissements. La situation financière de nombreuses universités est préoccupante. Quand nos universités luttent davantage pour survivre, trouver des économies et des sources de financement, c'est autant d'énergie perdue pour la qualité des enseignements et des conditions de travail, mais aussi pour l'accompagnement à la réussite de chaque étudiant.

Il y a surtout, plus fondamentalement, le sentiment de frustration et de dévalorisation de celles et ceux qui ont réussi à décrocher un diplôme, peut-être le premier dans leur famille, mais pas suffisamment élevé, dans une société où le master devient tacitement la norme de réussite, sans garantir

1. « Accès à l'enseignement supérieur : premier bilan de la loi orientation et réussite des étudiants », Cour des comptes, 2020.

pourtant de pouvoir gagner correctement sa vie ni de faire le métier de son choix.

Certaines tentatives de délocalisation de formations, pour les rapprocher de populations éloignées des principaux centres urbains, se soldent par des bilans en demi-teinte. Car les études ne reposent pas uniquement sur la transmission descendante d'un savoir. La qualité des infrastructures, l'accès à des ressources pédagogiques et bibliographiques, les rencontres, l'environnement général comptent. Le système Parcoursup induit des choix par défaut, la poursuite des études loin du domicile familial, et au final des abandons. Les antennes locales des facultés peuvent aussi se traduire par un sentiment de relégation, le « syndrome de la France périphérique », les jeunes privilégiant les formations les plus proches de chez eux au détriment de ce qui pourrait réellement les épanouir et les motiver.

Troisième exemple, la démocratisation de l'accès à la santé. Les pertes de chances face à la santé commencent d'abord dans les politiques de repérage et de prévention, qui demeurent les parents pauvres des politiques sanitaires. Nous ne prenons par exemple pas la mesure des pertes de chances pour les nouvelles générations du seul fait des carences de la médecine scolaire. Environ 45 % des postes de médecins scolaires sont vacants, avec de fortes inégalités, ce taux étant par exemple de près de 80 % dans l'académie de Créteil. Le Sénat a ainsi proposé de transférer à titre expérimental cette compétence aux départements, déjà chargés de la protection maternelle et infantile (PMI), afin de mutualiser les moyens et de garantir la cohérence de l'accompagnement des jeunes de leur naissance jusqu'à l'adolescence.

Nous avons eu trop tendance à réduire les enjeux de santé à leur aspect curatif et à organiser le système autour des seuls soignants, notamment les médecins. La santé se décline dans nos modes de vie et dans les inégalités de conditions d'existence. En fonction de notre lieu de résidence, nous ne sommes pas toutes et tous exposés aux mêmes risques. Airparif et Bruitparif alertent régulièrement sur les niveaux de pollution en région parisienne, où 80 % de la population d'Île-de-France serait exposée à des niveaux de pollution atmosphérique et sonore qui « excèdent fortement » les recommandations de l'Organisation mondiale de la santé (OMS). La pollution de l'air serait ainsi responsable d'au moins 48 000 morts par an en France.

Notre alimentation, notre sommeil, notre activité physique, la consommation de certaines substances conditionnent notre état de santé. Plus de 30 % des enfants et jusqu'à 70 % des adolescents ne dorment pas suffisamment[1], et les mauvais usages des écrans n'améliorent pas la situation.

Il y aurait aussi beaucoup à dire sur la place de la santé des femmes : errance médicale de l'endométriose (moyenne de sept ans entre l'apparition des symptômes et la pose d'un diagnostic), violences gynécologiques et obstétricales, contraception centrée sur la seule responsabilisation de la femme… et « moins de trois femmes sur dix se sentent tout à fait informées sur la prévention, le dépistage, la fréquence de suivi, et uniquement deux femmes sur dix sur l'évolution de la santé au cours de la vie[2] ».

---

1. Stéphanie Mazza (dir.), Kinga Igloi, Sabine Plancoulaine, Amandine Rey, Rébecca Shankland, « Mieux dormir pour mieux apprendre. Synthèse de la recherche et recommandations », ministère de l'Éducation nationale, de la Jeunesse et des Sports, Conseil scientifique de l'Éducation nationale, 2022.
2. Baromètre « Perception des femmes sur leur santé », collectif Femmes de Santé, en partenariat avec Institut CSA, 2023.

À travers ces quelques exemples, nous découvrons alors l'immense défi qui nous fait face, et l'impasse des solutions simplistes et de court terme.

Le temps des indignations et de l'impuissance

Scandale des maltraitances dans des maisons de retraite et dans des crèches privées lucratives, indignations face aux heures d'attente aux urgences et aux personnes, souvent âgées, qui y décèdent, manifestations de parents, de professeurs et d'élèves devant l'état calamiteux de leurs locaux et le manque de professionnels...

Ce qui se passait à huis clos, derrière les murs, à l'abri des regards extérieurs, est expulsé sur la place publique. C'est la cocotte-minute qui fait pschitt.

« Qu'est-ce qu'un homme révolté ? », s'interroge Albert Camus dans un ouvrage éponyme. Et il répond : « Un homme qui dit non. Mais s'il refuse, il ne renonce pas : c'est aussi un homme qui dit oui, dès son premier mouvement[1]. »

Il n'y a rien de pire que l'apathie et la résignation. Il n'y a rien de pire que l'habitude au mal, à l'indignité, à l'inhumain. Où fixer la limite de l'acceptable ? C'est précisément l'indignation qui peut la circonscrire.

Une logique sélective

Le travail d'investigation de journalistes alimente nos prises de conscience, documente, objective. Les réseaux sociaux se transforment en une caisse de résonance et de plus en plus en une boîte à cacophonie, sans hiérarchie, sans recul, avec passion, et pas toujours avec raison et nuance. La logique

1. Albert Camus, *L'Homme révolté*, Paris, Gallimard, 1951.

de l'indigné peut aussi être une logique du « plus radical que moi tu meurs ».

C'est ainsi qu'un article de Médiapart en juin 2024[1] avait conduit le président d'Eau de Paris, Dan Lert, à réagir sur les réseaux sociaux et à faire œuvre de pédagogie à la suite de la mise en ligne d'images sensationnalistes de fuites de canalisations. Si le réseau parisien présente des fuites, son rendement à 91 % surpasse la moyenne de 83 % sur l'ensemble du pays, et à Paris, les canalisations traversant les égouts sont visibles, ce qui n'est pas le cas ailleurs, où ça fuit, mais on ne le voit pas. Il expliquait aussi que : « Viser zéro fuite coûterait extrêmement cher. […] au risque de "faire exploser le prix des factures d'eau" », ce qui suppose donc d'étaler les investissements dans le temps. Quand on est en responsabilité, on sait qu'il faut prioriser, organiser, planifier, et souvent viser le moindre mal.

Dans leur livre enquête *Les infiltrés*, les journalistes Matthieu Aron et Caroline Michel-Aguirre dénoncent quant à eux fort justement l'emprise des cabinets de conseil privés sur les administrations centrales, les cabinets ministériels ou encore les hôpitaux : formatage des process, orientation des décisions, influence sur la vision stratégique et les modalités de gestion de nos services publics, importation de logiques du secteur privé[2].

Les deux journalistes évoquent aussi les échecs des chantiers numériques de l'État et le fait que « l'État a perdu le contrôle ». Mais on ne saurait pleinement expliquer cette

1. Jade Lindgaard, « À Paris, l'eau fuit et la ville regarde ailleurs », Médiapart, 2 juin 2024.
2. Matthieu Aron et Caroline Michel-Aguirre, *Les infiltrés. Comment les cabinets de conseil ont pris le contrôle de l'État*, Paris, Allary, 2022.

situation par la seule volonté politique ou le mantra de l'externalisation à tous crins. Elle est aussi la résultante d'une difficulté intrinsèque du secteur public : le marché du travail a un besoin massif de profils numériques, le secteur privé paie plus cher, offre d'autres conditions de travail, des missions intéressantes, des technologies avancées, une capacité à développer rapidement des compétences pointues. Autant d'éléments que le secteur public n'est aujourd'hui pas toujours en capacité de proposer, a fortiori dans les structures publiques n'ayant pas la taille critique suffisante[1].

Le secteur privé ne se contente pas d'une concurrence passive avec le secteur public. Il profite carrément de ses carences institutionnelles. Le « Hors Parcoursup » est par exemple devenu un argument publicitaire assumé pour des facultés privées. Il est d'ailleurs ici important de préciser que Parcoursup, objet d'angoisse et machine à fabriquer du ressentiment[2], ne constitue qu'un outil au service d'objectifs de régulation de l'accès aux formations du supérieur :

> « Le mensonge initial a été de présenter Parcoursup comme une réponse méritocratique, alors que sa fonction première était de gérer la pénurie, car le budget de l'enseignement supérieur a chuté de 12 % entre 2008 et 2021, alors que le nombre d'étudiants augmentait de 25 %[3]. »

---

1. Dans un rapport conjoint daté de janvier 2023 « Les ressources humaines de l'État dans le numérique », l'Inspection générale des finances et le Conseil général de l'économie confirment le diagnostic et préconisent plusieurs solutions.
2. Annabelle Allouch et Delphine Espagno-Abadie, *Contester Parcoursup*, Les Presses de Sciences Po, 2024.
3. Propos tenus par Yan Chantrel, sénateur, lors des questions d'actualité au Sénat le 6 mars 2024.

Indignation et impuissance, les deux faces de la même médaille

L'indignation a besoin d'action, et de résultats tangibles, rapides, pour contenir sa puissance et assouvir ses buts, à condition, bien sûr, qu'elle ne soit pas qu'une humeur éphémère, comme nos sociétés en ont trop pris le goût. Une indignation en chasse une autre. Quelles priorités donner ? Il faut aussi construire les débouchés, car l'indignation peut être une posture facile, et parfois destructrice. Elle ne s'embarrasse pas de faire dans les détails. Elle peut aussi aveugler. La colère aveugle souvent. Une fois l'émotion retombée, rares sont pourtant celles et ceux qui sont prêts à traiter véritablement le problème, ou qui en ont les moyens. L'indignation révèle aussi une dépossession citoyenne. On s'indigne, parfois, faute de mieux et de pouvoir agir soi-même.

La dynamique de l'indignation ne permet pas toujours de poser les bons diagnostics, au risque d'apporter les mauvaises réponses. Quand nous dénonçons légitimement les conditions de prise en charge de personnes vulnérables en EHPAD ou en crèche, nous pointons à raison les logiques de rentabilité et de « *cost killing* » du secteur privé lucratif, mais nous pourrions en oublier que la maltraitance institutionnelle existe aussi dans des structures publiques et associatives. Le taylorisme, élaboré en contexte industriel, a fait tache d'huile : chaque geste est minuté, le temps est compté, les moyens doivent être utilisés avec parcimonie. C'est la condition de l'efficacité. C'est aussi la résultante de manque de personnel, de compétences, de formation. Tout le monde en recherche.

On entend aussi régulièrement dénoncer les « fermetures de lits » à l'hôpital public, sans toujours en préciser les motivations, comme s'il y avait derrière nécessairement un acte délibéré de destruction du service public. Si ces décisions ne sont pas étrangères à des recherches d'économies budgétaires, elles s'imposent plus qu'elles ne se prennent réellement, du fait d'un manque de personnel. Mais elles sont aussi la conséquence des progrès de la médecine (l'ambulatoire) et des attentes des patients (qui préfèrent pour la plupart rentrer chez eux). Le 25 juillet 2024, le journal *Le Pays malouin* se faisait ainsi l'écho dans ses pages, pour soigner les nodules thyroïdiens, d'une « technique de radiofréquence » permettant de « traiter le problème dans la journée[1] ». Cela ne justifie ni n'explique en rien les heures d'attente sur un brancard aux urgences, mais il ne faut pas tout mélanger.

Nous devons faire face à nos contradictions. Ainsi, le numerus clausus, tant décrié, avait été instauré en 1971, avant d'être remplacé il y a seulement quelques années par un numerus apertus pour former davantage de professionnels. Il était à l'époque le fruit d'un consensus entre les revendications de médecins libéraux et l'État, visant à réguler l'offre de soins et ainsi contenir les dépenses de santé tout en garantissant les revenus des soignants. Ce système a de fait organisé une dépendance et déséquilibré le rapport de force.

À l'inverse, certains sujets passent sous les radars. Certaines choses pourraient ou devraient nous révolter davantage : le système des soignants intérimaires, véritables mercenaires du soin qui gagnent en quelques jours ce que les titulaires gagnent en un mois, et qui se sont aussi rendus indispensables à la continuité du système de santé ; les médecins libéraux qui déconventionnent et assument que les patients « paieront » puisqu'ils n'ont pas d'autres choix ; les dépassements d'honoraires quasi systématiques qui trient les patients ; les médecins qui quittent l'hôpital public pour monter un centre de santé privé à proximité en se spécialisant

1. *Le Pays malouin*, 25 juillet 2024, p. 8.

sur les actes rentables et en embauchant d'anciens collègues hospitaliers…

Il n'y a pas grand monde non plus pour s'indigner de l'état des prisons françaises, surpeuplées et vétustes, des traitements dégradants des prisonniers, des mauvaises conditions de travail des personnels qui y œuvrent au quotidien, du manque de moyens de réinsertion et de prévention de la récidive. Les problèmes sont mis à distance, les prisons, autrefois au cœur des villes, sont reléguées à leur périphérie, les liens avec les familles sont distendus, les hauts murs de sécurité dressent une barrière entre le dedans et le dehors, sans empêcher certains de poursuivre leur business avec l'extérieur.

Notre système carcéral est le fruit de multiples impensés. 53 % des détenus n'ont aucun diplôme et 7,6 % sont en situation d'illettrisme. Les détenus sont à 96 % des hommes et 45 % des détenus ont moins de 30 ans[1]. D'après l'Observatoire international des prisons, « huit hommes détenus sur dix et plus de sept femmes sur dix présentent au moins un trouble psychiatrique, la grande majorité en cumulant plusieurs, et des dépendances[2] ».

Faute de traiter les problèmes à la racine, notre société ne sait qu'enfermer temporairement des individus, quitte à accepter les récidives (parmi les sortants de prison en 2016, six sur dix ont commis une nouvelle infraction dans les quatre ans[3]).

---

1. « La prise en charge en détention », site du ministère de la Justice.
2. « Qui sont les personnes incarcérées ? », site de l'Observatoire international des prisons oip.org.
3. *Infos rapides justice*, ministère de la Justice, sous-direction de la statistique et des études (SDSE). Service statistique ministériel de la justice, n° 10, 2023.

L'arène de jeu des extrêmes droites

L'extrême droite est passée maîtresse en matière de récupération des indignations et des colères, promettant protection et remise en ordre de la société. Si en 2010 Stéphane Hessel, ancien résistant et diplomate, nous exhortait à réactiver l'esprit de résistance dans son court essai intitulé *Indignez-vous*, le journaliste Pablo Stefanoni nous alerte désormais sur l'appropriation actuelle par les droites de la dynamique de l'indigné[1].

La promesse du contrôle

On notera à ce titre que le programme présidentiel du Rassemblement national en 2022, que nous avons passé au crible avec notre think tank Le Sens du service public[2], et qui comportait un livret sur l'éducation et un livret sur la santé, compilait plusieurs mesures de mise au pas des administrations et ce faisant de la société française. Quand plus personne ne comprend rien à la situation, quand on a l'impression d'avoir déjà tout essayé, quand les repères sont plus brouillés que jamais, la figure tutélaire se révèle séduisante. Paradoxalement, elle apparaît comme libératrice.

La figure de l'autorité martiale est ainsi centrale dans les propositions formulées : instauration de la présomption de légitime défense des forces de police, privatisation de l'audiovisuel public, obligation des fonctionnaires de dénoncer la présence de personnes immigrées sans papiers en vertu de l'article 40 du code de procédure pénale, fin de la liberté pédagogique des enseignants, sanctions plancher lors des conseils

1. Pablo Stefanoni, *La rébellion est-elle passée à droite ?*, Paris, La Découverte, 2022.
2. *L'extrême droite, les services publics et les fonctionnaires*, Le Sens du Service public, Fondation Jean-Jaurès, 2024.

de discipline sous peine de sanction contre l'encadrement des établissements, généralisation de la vidéo-protection dans tous les établissements du secondaire, en priorisant les réseaux d'éducation prioritaire, et renforcement de l'orientation précoce des élèves (« pour rétablir l'excellence éducative à la française » !)

Mais qui a pris la peine de les lire et de les confronter sur ces mesures ?

L'extrême droite parle à nos affects. L'indignation désigne des coupables et des responsables. Elle alimente les biais de confirmation. Les chroniqueurs d'extrême droite sur les chaînes du groupe de Vincent Bolloré, comme les politiques réactionnaires, désignent à la vindicte populaire les personnes immigrées, qu'elles accusent d'être les principales responsables des dysfonctionnements de nos services publics (engorgement des urgences, violences envers les agents publics, dépenses publiques…)

Une logique d'entrisme

Les services publics sont aujourd'hui devenus l'un des terrains de chasse privilégiés des extrêmes droites, qui livrent la bataille culturelle aussi bien auprès de l'opinion publique, des agents publics, qu'au cœur même des services publics et des collectifs d'usagers. L'enseignement est la cible privilégiée, avec une présence dans les associations de parents d'élèves, les syndicats lycéens et étudiants[1].

Dans un sondage Ipsos de mars 2024 mené à cent jours des élections européennes, qui ont largement placé en tête la liste de Jordan Bardella, nous apprenions ainsi que ceux qui ne sont pas satisfaits de leur vie sont plus enclins à voter pour le

1. *Ibid.*

Rassemblement national[1]. Cette tendance est confirmée par le baromètre Paul Delouvrier de décembre 2023[2] : les sympathisants d'extrême droite sont celles et ceux qui ont la moins bonne opinion de l'action de l'État.

Opinion des Français à l'égard des services publics.
Par préférence partisane

Le clivage gauche/droite reste très perceptible dans l'opinion à l'égard des services publics. Les exemples de clivages les plus saillants concernent l'opinion à l'égard de la police/gendarmerie, la justice, l'éducation nationale et les impôts.

Q14. Avez-vous une très bonne opinion, une opinion plutôt bonne, une opinion plutôt mauvaise, ou une très mauvaise opinion de l'action de l'Etat pour...

% de « bonne opinion »	Moyenne	Police et Gendarmerie	Sécurité sociale	Santé publique	Fiscalité	Education	Logement	Environnement	Emploi	Justice
Ensemble	44	64	58	45	45	34	35	42	40	33
Auprès des sympathisants :										
Symp. de gauche	45	58	59	45	52	39	34	39	39	40
La France insoumise	45	50	62	44	49	42	34	45	38	40
Parti socialiste	44	62	56	44	52	37	32	39	40	38
EELV - Les Verts	49	67	71	51	60	40	37	31	43	45
Symp. majorité présidentielle	63	88	75	59	73	50	47	62	68	46
dont : Renaissance	66	89	75	63	75	55	49	66	70	50
MoDem	55	73	77	53	73	34	37	55	66	26
Horizons	51	96	76	34	50	32	40	46	48	40
Symp. de droite	39	63	51	40	38	28	35	42	36	22
dont : UDI	44	65	52	41	48	24	43	43	44	34
LR	49	71	60	48	54	32	38	50	52	32
RN	38	61	48	40	34	29	34	41	33	20
Reconquête	31	56	44	26	28	16	33	37	21	17
Sans préférence partisane	41	62	57	44	39	32	33	37	35	32

Verian | Baromètre de l'Institut Paul Delouvrier 2023 *inférieur ou supérieur de 4 points à par rapport à l'ensemble | 27

Le directeur de recherche au CNRS Luc Rouban s'intéresse aux évolutions des votes des agents publics. Il démontre la séduction de plus en plus forte et stable qu'exercent le Rassemblement national et l'extrême droite dans son ensemble sur les fonctionnaires, expliquant que si Marine Le Pen réalisait au second tour de l'élection présidentielle 2022 ses meilleurs scores chez les agents de catégorie C (passant de 37 % en 2017 à 46 % en 2022), elle progressait également chez les

1. *Enquête électorale française. Élections européennes*, Enquête Ipsos pour le Cevipof, *Le Monde*, la Fondation Jean-Jaurès et l'Institut Montaigne, 2024.
2. « Les services publics vus par les Français… », 2023, baromètre cité.

agents de catégorie A (de 20 % à 27 %) et de catégorie B (de 25 % à 38 %)[1].

L'entrisme de l'extrême droite en matière de services publics ne s'arrête pas au verbe. Les députés interviennent en circonscription et à l'Assemblée nationale sur ces sujets. Quelques maires dirigent des villes. Les prochaines élections locales sont déjà identifiées comme une opportunité d'implantation locale dans de nouveaux territoires.

Sans attendre la prise de pouvoir, l'entrepreneur Pierre-Édouard Stérin, soutien de l'extrême droite, met sa fortune au service d'un projet de société réactionnaire. C'est ainsi qu'il entend créer un réseau d'écoles pour les professionnels de la petite enfance afin de former 6 000 professionnels pour accueillir 36 000 enfants supplémentaires dans les crèches en 2030. L'extrême droite a par ailleurs déjà pénétré l'appareil d'État, bénéficiant de la contribution de certains hauts fonctionnaires. Elle influence déjà de l'intérieur nos politiques publiques, et prépare la société de demain.

Dans la série *La Fièvre*, le personnage de Marie Kinsky incarné par Ana Girardot, qui joue l'humoriste réactionnaire, verbalise les choses de manière limpide : « Colère, peur, injustice, c'est ça qui mobilise. » Mais de quoi avons-nous peur exactement ? C'est bien à ce diagnostic-là qu'il faut s'atteler en toute sincérité.

« Les urgences sont tout le temps fermées et nous avons peur que les enfants se blessent le week-end. Nous commençons à avoir des histoires de gens qui meurent car ils ont des maladies non diagnostiquées faute de médecins. »

1. Luc Rouban, « Le vote des fonctionnaires à l'élection présidentielle de 2022 », note de recherche, le baromètre de la confiance politique/Vagues 13 et 13bis, 2022.

« Utilisatrice des transports en commun, je cumule les retards, le stress de ne pas arriver à bon port. »

Telles sont quelques-unes des situations concrètes, sources d'inquiétudes quotidiennes, qui m'ont été partagées lors de mon enquête.

C'est probablement parce que nos institutions n'arrivent pas à pourvoir à cette légitime attente de prévisibilité, de sécurité, d'humanité et de reconnaissance, qu'il y a « malaise dans la civilisation ».

Il nous faut passer de l'indignation à la dignité.

Une posture ambivalente

Une enquête réalisée par Transparency International France et la Fondation Jean-Jaurès révèle que la France se distingue par un recours très fréquent au réseau pour obtenir des services, comme un rendez-vous médical, une dérogation scolaire, une place en crèche, un logement ou encore un document administratif[1]. Nous n'avons de cesse de dénoncer des injustices et des traitements de faveur, tout en nous les autorisant lorsque cela nous concerne directement.

Les effets de perception produisent des effets sociaux et politiques. Ils peuvent aussi autoriser et légitimer certains comportements de contournement de l'État.

En France, l'extrême droite comme ses électeurs sont en réalité partagés entre deux sentiments contradictoires : d'un côté la défiance à l'égard de l'État, de l'autre côté le désir d'État. Le procès des assistants parlementaires du RN au

1. Jean-Daniel Lévy, Pierre-Hadrien Bartoli, Antoine Gautier, « Enquête sur l'attitude des Français vis-à-vis de la corruption. Quelle perception les Français en ont-ils ? Quelle place accorder à la lutte contre la corruption ? », étude Toluna et Harris Interactive pour Transparency International France et la Fondation Jean-Jaurès, 2023.

Parlement européen a ainsi donné lieu à une virulente remise en cause de l'appareil judiciaire et des juges eux-mêmes. Le RN entretient globalement l'ambivalence dans son rapport aux élites administratives et à « l'État profond », n'hésitant pas à mobiliser un double discours en fonction de ses intérêts. En France comme ailleurs, l'extrême droite a bien compris que l'appareil administratif est à la fois le principal frein à son projet fondamentalement antirépublicain, mais aussi son principal levier pour accéder au pouvoir et l'exercer.

Conclusion

Notre récit national a pris une tournure négative, et les services publics servent désormais de carburant à cette mécanique infernale.

Il nous faut prendre la mesure des paradoxes, des contradictions, des impasses qui nous attendent au tournant. Nous devons assumer que notre action publique a été l'objet d'impensés, de préjugés, de points aveugles, de fausses promesses, tout en organisant des systèmes de dépendance qui confinent désormais à l'impuissance collective. C'est tout notre système de prise en charge des sujets d'intérêt général que nous devons refonder par une approche critique constructive.

Face à des besoins exponentiels, des finances publiques nécessairement limitées, des nouveaux comportements sociaux, de nombreuses questions, qui ne sont jamais posées ni débattues, émergent pourtant :

- Quels sont aujourd'hui nos besoins prioritaires ?
- Les services publics doivent-ils et peuvent-ils répondre à tout ?
- La proximité tant plébiscitée doit-elle devenir la seule boussole de nos politiques publiques ?
- Peut-on exiger le même niveau de service partout ?
- Sommes-nous prêts à accepter le coût de nos demandes individuelles ?
- Nos mécanismes collectifs de régulation sont-ils encore opérants ?

II
Les mythes à déconstruire

« Celui qui contrôle le passé contrôle l'avenir.
Celui qui contrôle le présent contrôle le passé. »
George Orwell, 1984

Toutes les sociétés sont gouvernées par des mythes et des croyances qui définissent le système de valeurs en vigueur, délimitent nos espaces mentaux et conditionnent nos comportements.

Dans *La République* de Platon (livre VII), les hommes sont prisonniers au fond d'une caverne, enchaînés au cou et aux jambes. Ils ne perçoivent que des ombres projetées sur la paroi en face d'eux, qu'ils considèrent être la vérité. Pour accéder à la connaissance, ils doivent se libérer de leurs chaînes, ôter leur « voile d'ignorance », affronter l'éblouissement du soleil. C'est l'« allégorie de la caverne », qui nous éclaire sur nos perceptions biaisées et dont nous devons nous départir pour affronter le réel.

Originellement, le mythe était un récit sacré. Aujourd'hui largement sécularisés, nos mythes modernes n'en gardent pas moins leur puissance évocatrice et transcendantale.

Ils délimitent la zone et la répartition des pouvoirs. Les mythes contemporains qui exercent aujourd'hui le plus de puissance et d'influence échappent largement au politique qui, pour ne pas complètement perdre le contrôle, récupère à son crédit le narratif.

Omniprésents dans les prises de parole, ces raccourcis, voire ces contre-vérités factuelles, nous empêchent aujourd'hui de renouveler la pensée et nos modes d'action. Ils modèlent des réponses toutes faites, qui ont déjà fait la preuve de leur inefficacité.

Où se situe le réel ? Qui détient la vérité ? À qui profite le mythe ?

Le mythe de la restauration

« C'était mieux avant » ?

Pour préparer ce livre, je ne compte pas le nombre de témoignages que j'ai reçus pour dire combien la rencontre avec des enseignants ou d'autres agents publics a été décisive, l'une des meilleures expériences avec les services publics : « Ma professeure de français qui a cru en moi, la personne au guichet du service des impôts qui m'a aidé à m'y retrouver, l'urgentiste qui a soigné ma fille. »

Pour autant, des mauvaises expériences, il en existe aussi, suffisamment marquantes pour vous accompagner toute une vie, et vous faire perdre confiance dans les institutions.

Ces morceaux de vie n'appartiennent pas complètement au passé. Il n'y a pas que le harcèlement scolaire qui est une violence faite aux enfants, même s'il fait l'objet d'une légitime mise en lumière comme problème public. De nombreux jeunes souffrent à l'école de ne pas s'y sentir à leur place et d'y être mis en échec, malgré la bonne volonté des professionnels qu'ils y côtoient.

Dans son livre enquête sur les électeurs et électrices du Rassemblement national[1], ces « électeurs ordinaires » comme

---

1. Félicien Faury, *Des électeurs ordinaires. Enquête sur la normalisation de l'extrême droite*, Paris, Seuil, 2024.

il les désigne, le chercheur Félicien Faury établit un lien entre la force du parti d'extrême droite parmi les catégories les moins diplômées de la population et leur expérience d'échec vis-à-vis d'une école qui n'a pas tenu toutes ses promesses. L'école marque votre vie à jamais. Rater l'école, ça peut vouloir dire : rater sa vie.

Il y a des périodes, pas si lointaines à hauteur de vie humaine, où le professeur était respecté, si ce n'est craint. Il était instituteur, ou plutôt « instit' ». Il faisait partie des notables locaux. Il disposait d'une rémunération attractive. Il était même logé. On ouvrait des classes partout dans le pays. Il y avait eu les enfants du baby boom, puis à leur tour leurs enfants. Il y avait bien « un professeur devant chaque classe »… mais les enfants étaient-ils tous épanouis et égaux ?

Toutes les formations politiques sont évidemment d'accord pour mettre « un professeur devant chaque classe », cela paraît le minimum attendu. La plupart sont également favorables à un moratoire sur les fermetures de classes, a fortiori si elles affectent leur territoire d'élection, même si les élus concernés ont soutenu les précédentes politiques de rationalisation de l'action publique.

Mais en concentrant tout le débat sur cette nouvelle idée fixe, nous en oublions de faire de la politique, sinon nous ne manquerions pas d'aborder le cœur battant des politiques éducatives : Qu'est-ce qu'une bonne école ? Qui en définit les critères ? Qui doit en bénéficier prioritairement ?

Le sujet des services publics donne ainsi l'impression de n'être plus aujourd'hui abordé que sous un angle gestionnaire. Et pour cela, nous n'avons pas besoin d'hommes et de femmes politiques, simplement de logisticiens de la pénurie. Nous n'avons même pas cela. Sinon, comment comprendre que les ressources (car il y en a encore) ne soient pas mieux réparties, notamment entre les secteurs public et privé ? Peut-être aussi parce que nous avons créé une dépendance à certains acteurs privés, y compris pour délivrer des missions de service public. Nous y reviendrons.

L'espoir est-il seulement possible et autorisé ?

Malgré les difficultés de l'école et de l'hôpital, au cœur des attentions, chaque jour, de petits et grands miracles y sont accomplis. Pour ne prendre que cet exemple, l'Éducation nationale a fait des progrès considérables en matière de pédagogie, d'inclusion, de prise en charge des troubles DYS, de respect de l'enfant, de numérique, d'éducation à l'environnement… au prix néanmoins d'une intensification de la charge de travail et d'injonctions contradictoires permanentes.

Dans son livre *Au nom du peuple français : Mémoires*[1], l'ancien procureur de la République François Molins égrène, au fil d'une longue carrière au service de la justice française, les progrès accomplis, par exemple en matière de déontologie, d'éthique, de professionnalisation. Car la plupart du temps, ces petites et grandes conquêtes ne sont pas perceptibles pour le grand public, pas tout de suite, pas entièrement. Et on les oublie vite.

Qui se souvient qu'il existait des écoles de filles et des écoles de garçons ? Qui se souvient des controverses qui ont émaillé l'instauration de la « coéducation filles-garçons », accusée de risquer de pervertir la jeunesse de notre pays ?

Comment donc se libérer des lourdes chaînes du passé ? Comment, dans le même temps, ne pas oublier d'où nous venons et devenir raisonnables ?

Nos mécontentements actuels ne sont pas que le fruit de la ruse de notre mémoire. Ils se nourrissent, à juste titre, de l'état de nos connaissances actuelles. Nous ne sommes pas

1. François Molins, *Au nom du peuple français. Mémoires*, Paris, Flammarion, 2024.

pleinement satisfaits de notre système de services publics parce que nous ne souhaitons pas seulement qu'ils existent, nous voulons qu'ils fonctionnent correctement certes, mais surtout qu'ils remplissent la promesse républicaine d'égalité, de liberté et de fraternité (nous pourrions aussi dire de sororité) dont ils sont les messagers, les architectes et les gardiens du temple.

Grâce aux progrès des statistiques et des sciences sociales, aux outils d'évaluation et de contrôle publics, grâce à l'expertise accumulée et à la mobilisation de professionnels, de chercheurs, d'usagers et de citoyens, nous en savons de plus en plus sur les effets concrets des politiques publiques, même si nous avons encore souvent l'impression de naviguer à vue. Plus nous avançons, plus nous avons l'impression de reculer, ou plus exactement, plus nous mesurons le chemin à parcourir et les moyens à déployer. Nos services publics sont confrontés au « paradoxe » de Tocqueville : plus votre situation s'améliore, plus vous ressentez difficilement, injustement, l'écart avec la situation espérée. Plus vous promettez, plus vous progressez, plus vous ouvrez les horizons d'attente, et plus vous risquez aussi de décevoir.

Nous devons donc nous armer du « courage de la nuance[1] » pour préciser les diagnostics, penser contre nous-mêmes, prendre de la distance par rapport à nos expériences personnelles, considérer la complexité et les limites inhérentes au système actuel. Sans déclinisme, ni optimisme béat, mais avec un enthousiasme réaliste, car « rien de grand n'a été accompli sans lui dans le monde » (Emmanuel Kant).

S'il n'y a jamais vraiment eu un âge d'or des services publics, il nous faut aussi nous interroger : si les services publics ont changé, sommes-nous toujours les mêmes ?

1. Jean Birnbaum, *Le Courage de la nuance*, Paris, Points, 2022.

« Il faut revenir à ce que l'on a connu quand j'étais plus jeune »

> « Je trouve que l'évolution des services des impôts est appréciable. Ils ont su mettre en place les services à distance pour échanger par écrit, sachant que toute demande reçoit réponse (donc on peut tracer et conserver la réponse), que le répondant s'identifie, que l'échange peut se poursuivre par écrit, ou par téléphone et déboucher, si besoin, sur un rendez-vous[1]. »

Bien sûr, d'autres répondants ont déploré, à raison, la dématérialisation, les fermetures de guichets, les formulaires non adaptés à leur situation, les difficultés à obtenir une réponse ou à avoir accès à une vraie personne.

Concevoir et délivrer le service public est toujours un exercice d'équilibriste entre vocation universelle, efficacité des modes d'action, souci des deniers publics et adaptabilité, ancrée dans les « lois de Rolland[2] », véritable ADN du service public.

Nous devons avoir au moins une certitude : nous ne reviendrons pas en arrière. Nous pourrons retrouver quelques repères, faire revenir ici ou là un tribunal, une sous-préfecture, un commissariat. Mais cela ne suffira pas.

Faire avec le réel

Dans le clair-obscur, de nouvelles approches d'action publique émergent. Le déploiement de maisons France services sur l'ensemble du territoire sous l'égide de l'Agence nationale pour la cohésion des territoires (ANCT) décline

1. Témoignage reçu dans le cadre de mon enquête en ligne.
2. Juriste français, Louis Rolland a établi en 1928 trois « lois », qui sont des principes d'action du service public à la française : égalité, continuité et mutabilité (ou adaptabilité).

ainsi une logique de proximité et d'accessibilité des services publics. Elles suscitent régulièrement de vives critiques, qui ne sont pas toutes infondées, mais ces structures viennent combler des manques. Un rapport sénatorial de 2022, confirmé par la Cour des comptes en 2024, en dressait un bilan plutôt positif et formulait plusieurs recommandations pour en améliorer l'accès et l'utilité.

> « 93,4 % des usagers sont satisfaits de leur démarche en France services et 87 % jugent la réponse apportée adaptée à leur demande ; 82 % jugent les locaux agréables ; 82 % estiment l'équipement informatique en excellent état ; 89 % confirment avoir reçu un accueil courtois et 83 % disent avoir été pris en charge dès leur arrivée[1]. »

Bien évidemment, ces niveaux de satisfaction ne concernent que les personnes qui ont eu recours à ces dispositifs, qui ne sont pas encore connus de toutes et tous, et qui, même lorsqu'ils sont connus, n'autorisent pas mécaniquement les potentiels bénéficiaires à y avoir recours, comme nous l'enseignent les travaux de Clara Deville, car les barrières sociales, économiques, logistiques, géographiques ou mentales pour accéder aux services publics sont légion[2]. Dans un sondage en avril 2023, notre think tank Le Sens du service public avait pu constater que l'existence des France services n'était connue à l'époque que par un Français sur deux[3].

---

1. « Les maisons France services, levier de cohésion sociale », Sénat, rapport d'information n° 778 (2021-2022), déposé le 13 juillet 2022.
2. Clara Deville, « Politique de l'absurde. Le numérique et l'accès aux droits sociaux », *La Vie des idées*, 2023.
3. *Palmarès des services publics*, Opinion Way pour Le Sens du service public, avec le soutien de la MNT, la CASDEN, la Fondation Jean-Jaurès, 2023, accessible en ligne sur le site du Sens du service public.

D'une logique en silos, où chaque administration disposait de son lieu propre, les France services actent néanmoins le passage à une logique transversale et commune de l'action publique, en rassemblant en un même lieu plusieurs services. Elles sont une porte d'entrée, un intermédiaire entre la population et de grandes administrations, devenues, ce faisant, plus désincarnées et lointaines. Un nouveau modèle est en train de s'inventer sous nos yeux, avec ses échecs et ses réussites, en essayant d'embarquer les acteurs locaux, qui n'avaient malgré tout pas demandé la fermeture des précédents services.

Maintenant qu'elles existent, nous n'avons pas d'autre option rationnelle que d'y apporter les correctifs nécessaires : déprécariser le personnel, mieux soutenir les communes et intercommunalités, faire connaître ces structures, organiser les déplacements des habitants vers ces lieux, permettre le traitement de bout en bout de chaque situation, généraliser les dispositifs d'« aller vers », favoriser les partenariats avec d'autres acteurs de terrain, responsabiliser les administrations centrales et faire changer leurs pratiques de travail en interministériel, réimplanter des agents disposant de l'expertise nécessaire sur les territoires…

La personnalisation, voilà le grand défi pour ces services publics de guichet. L'œuvre de l'administration n'est plus aujourd'hui de traiter à grande échelle et de manière uniforme l'ensemble des citoyens et des citoyennes. L'administration française doit désormais s'adapter à la situation de chacune et de chacun, répondre aux besoins singuliers mais aussi prendre en compte les « capabilités[1] » sociales, l'environnement, les contraintes, les aptitudes et compétences

1. La notion de « capabilités » est ici empruntée à Amartya Sen, économiste et philosophe indien.

personnelles pour pouvoir véritablement bénéficier du meilleur accompagnement.

Nous ne réussirons pas cet immense chantier uniquement par le bas, il faudra bien aussi que la culture du partenariat et de la collaboration se développe davantage par le haut, aussi bien dans les administrations centrales qu'au plus haut sommet de l'État. Sans réforme de nos pratiques politiques (voir le prolongement numérique de cet essai sur le site de la Fondation Jean-Jaurès), tous ces efforts de terrain continueront d'être gâchés. Notre personnel politique ne manque pas seulement de capteurs et de boussole. Il lui manque d'abord et avant tout la bonne posture pour gouverner la société d'aujourd'hui.

Ne pas réitérer les erreurs passées

Après des années de dématérialisation galopante (parce que ça devait forcément être bien), et de fermetures de guichets (parce que c'était plus « rationnel »), il s'agit aujourd'hui d'éviter les affres d'une administration à deux branches : l'une pour les amateurs du numérique et de la distance, l'autre pour les laissés-pour-compte de la modernité numérique, relégués au rang de citoyens de seconde zone. Grâce à l'INSEE, nous apprenons ainsi qu'en 2021, une personne sur trois a renoncé à au moins une démarche en ligne[1].

Silence de l'administration. Les guichets semblent comme passés de mode. Même les appels n'aboutissent plus toujours, jusqu'à 40 % des appels téléphoniques réalisés auprès de quatre grands organismes publics (la CAF, Pôle Emploi,

1. François Gleizes, Amandine Nougaret, Anne Pla, Louise Viard-Guillot, « Un tiers des adultes ont renoncé à effectuer une démarche administrative en ligne en 2021 », INSEE, 2022.

l'Assurance maladie et l'Assurance retraite) d'après la défenseure des droits[1].

L'État à distance s'est transformé en État distant. Était-ce prévisible ? Était-ce évitable ?

> « L'appel à France Renov', la constitution du dossier pour obtenir des aides à la rénovation, un vrai parcours du combattant, entre le site internet qui plante, le dossier validé, puis non, puis si, puis non, les documents joints, les attestations des artisans, la validation de l'aide, le montant octroyé, le paiement de ce montant… bref, il faut de la patience, de la patience, et je dirais également de la patience pour ne pas abandonner ce que l'on peut avoir ! »

Les politiques n'ont eu de cesse d'annoncer et de créer de nouveaux droits, sans toujours avoir eu le souci de leur accès effectif. Donner accès à une maison France services à moins de trente minutes de son domicile, promesse tenue ! Mais l'accès se limite-t-il à une possibilité d'accès géographique ?

Notre vie politique nationale aime se gargariser de chiffres, de taux de réussite (au brevet, au baccalauréat), de la baisse du chômage, de la hausse de la croissance, des classements internationaux… Certes, les chiffres du chômage ont baissé, mais si la précarité, ou le sentiment de précarité, grandissent, et si le pouvoir d'achat est rogné, que valent ces paroles désincarnées ânonnées du matin au soir sur tous les canaux de communication ? Si ma vie personnelle ne s'est pas améliorée, à qui ces prétendues bonnes nouvelles profitent-elles ?

1. Audrey Chabal, « Services publics : 40 % des appels téléphoniques n'aboutissent pas », *La Gazette des communes*, 2023.

En matière culturelle, Paris continue de bénéficier d'un privilège, même si « l'État a toujours soutenu ses territoires[1] ». Malgré les investissements réalisés, malgré les musées délocalisés en province, Paris continuera de concentrer l'offre culturelle légitime. Il faut avoir été initié pour oser franchir le seuil d'un musée, d'un théâtre, d'un opéra. Le pass Culture (part individuelle) ne remplacera jamais la médiation humaine de terrain pour créer la confiance et l'habitude. Cette logique des « pass » est symptomatique d'une approche libérale de l'action publique à large spectre, le genre de dispositifs de masse facile à déployer sur l'ensemble du territoire, et qui permet de valoriser de bons chiffres de distribution. Les « pass » (numérique, culture...) s'adressent au consommateur plus qu'au citoyen. L'évaluation faite par la Cour des comptes de ce dispositif a démontré qu'il touche moins les publics les plus éloignés de la culture et a peu d'effets sur les pratiques culturelles des jeunes, mais aussi que les crédits du ministère de la Culture nécessaires n'ont pas été prévus face à la montée en charge du pass et que les dix premiers offreurs ont réalisé un chiffre d'affaires global de près de 290 M€ sur la période, le groupe Fnac ayant bénéficié à lui seul de 15 % du volume de ventes total[2].

Le pari de la réinvention

Comme pour les France services, on retrouve la même logique de mise en commun dans un objectif de montée en qualité dans la constitution de maisons de santé pluriprofessionnelles ou de regroupements pédagogiques intercommunaux (RPI), même s'il faut souvent faire plus de kilomètres

1. Laurent Davezies, *L'État a toujours soutenu ses territoires*, Paris, Seuil, 2021.
2. « Premier bilan du pass Culture », Cour des comptes, 2024.

pour y accéder. Dans le film *Les petites victoires* (2023), Julia Piaton, qui joue le rôle de la maire de la petite commune bretonne, également professeure de l'école communale, se bat pour maintenir sa classe ouverte. Son combat se solde par un échec. Les enfants, très attachés à leur petite école, découvrent pourtant à la fin du film de nouveaux locaux, plus adaptés aux usages contemporains, et de nouveaux camarades, et peut-être ainsi plus de mixité. On ne saurait pas toujours dire ce qui est vraiment le mieux pour nos enfants.

Au-delà des dispositifs étatiques, les services publics se réinventent partout, à l'initiative des acteurs de terrain, qu'ils soient directeurs d'hôpital, élus locaux, responsables associatifs, entrepreneurs ou citoyens engagés. Des formes nouvelles, bricolées, adaptées aux besoins et aux ressources locales, émergent et se diffusent.

D'autres pratiques apparaissent aussi pour réinventer l'action publique, à l'image de ce bus obstétrical rattaché au CHU de Clermont-Ferrand, qui sillonne les routes de ce qui constituait l'ancienne région Auvergne, pour réaliser le suivi de grossesse en proximité, du « quasiment à domicile », relaté dans un article du *Monde* de la journaliste Camille Bordenet en mars 2023[1].

Des citoyens organisent des opérations de ramassage de déchets, des élus locaux reprennent des commerces et tiennent les bars de village (mais est-ce leur rôle ?), des sages-femmes font le choix de s'implanter dans les territoires « désertés », certains entendent aussi relancer l'implantation de cabines téléphoniques, le mécanisme de « Médecins solidaires » offre

1. Camille Bordenet, « Un “petit hôpital sur roues” sillonne les villages d'Auvergne pour accompagner les femmes enceintes », *Le Monde*, 14 mars 2023.

la possibilité d'accéder à des professionnels de santé à la campagne, grâce à du « temps solidaire partagé » (les médecins volontaires consacrant au moins une semaine par an dans un centre de santé dédié), des enseignants expérimentent des méthodes pédagogiques efficaces[1], « Bouge ton coq » déploie des services de proximité partout sur le territoire, les mutuelles participent aux politiques de prévention, financent des projets, expérimentent des formes d'engagement citoyen…

Notre pays est en mouvement, quand certains voudraient le mettre à l'arrêt. Des formes de solidarité s'expriment sous d'autres formats institués à l'initiative des pouvoirs publics, d'entrepreneurs ou de citoyens engagés. La notion de services publics se brouille et s'enrichit. Les artisans du bien commun se démultiplient. Les acteurs publics n'ont jamais eu le monopole du cœur.

Ni retour en arrière à l'identique, ni dérégulation mortifère, une autre trajectoire reste à dessiner, à condition de renoncer à de nombreuses fausses évidences…

---

1. Jérémie Fontanieu, *L'école de la réconciliation. Un professeur à Drancy*, Paris, Les liens qui libèrent, 2022.

Le mythe de la grande réforme

> « [...] par lassitude devant l'effroyable multiplicité des problèmes, la complexité et les difficultés de la vie, la grande masse des hommes aspire à une mécanisation du monde, à un ordre définitif, valable une fois pour toutes, qui leur éviterait tout travail de la pensée. »
>
> STEFAN ZWEIG, *Conscience contre violence*[1]

« Simplifier, simplifier, simplifier »

« Quand on te dit "simplification", méfiance, c'est qu'il va y avoir un papier en plus ! »

Cette assertion attrapée à la volée lors d'un déjeuner de famille n'est-elle pas ce qui résume le mieux le paradoxe actuel dans lequel nous sommes plongés ? Plus on nous promet de nous simplifier la vie, plus nous avons le sentiment que les choses sont plus compliquées. C'est la maison qui rend fou dans *Les douze travaux d'Astérix* : le formulaire n'est jamais le bon, les guichetiers se renvoient la balle, personne ne sait qui fait quoi. L'usager finit par perdre la raison.

1. Stefan Zweig, *Conscience contre violence*, Livre de poche, 2010.

Mais la fiction politique ne dépasse-t-elle pas la réalité sociétale ? Et que dit de nous cette pente naturelle vers la complexification croissante de nos sociétés contemporaines ?

La machinerie administrative ne se complexifie pas que de manière endogène, mais probablement d'abord sous l'effet de la pression extérieure (nouveaux besoins, personnalisation des attentes, offensive d'acteurs privés pour prendre le contrôle de nos vies sociales). La dissonance cognitive n'en devient pas moins insupportable dans une société de consommation qui propose à nos imaginaires la perspective d'une vie fluide, indépendante, bercée de satisfactions instantanées. Tel est l'étau qui asphyxie désormais nos organisations publiques.

De quoi l'exigence de simplification, devenue impératif catégorique, est-elle le nom ?

Nous faisons d'abord face à une pathologie sociétale, celle de la démultiplication des organisations formelles et informelles, hiérarchiques ou organiques, pour diriger le monde économique et social, pathologie désignée sous le concept d'« organocène » par Henri Bergeron et Patrick Castel[1]. La « bureaucratie », ou ce qui est désigné comme tel, n'est pas l'apanage des administrations. Pourtant notre débat public concentre toutes ses attaques sur nos organisations publiques. C'est précisément ce demi-aveuglement ou cette demi-hypocrisie qui devraient nous interpeller.

Chefs d'entreprises, artisans, commerçants, agriculteurs, cadres administratifs, médecins, usagers des services publics… le syndrome de surcharge administrative n'épargne plus personne. Cette réalité objective ne peut être balayée d'un revers de la main. Encore faut-il en comprendre les ressorts, car il ne s'agit pas forcément « d'emmerder les Français »,

1. Henri Bergeron et Patrick Castel, *L'organocène. Du changement dans les sociétés surorganisées*, Paris, Presses de Sciences Po, 2024.

comme l'aurait dit crûment Georges Pompidou alors Premier ministre à son collaborateur de cabinet Jacques Chirac dans les années 1960.

Cette nouvelle manière d'être-au-monde puise ses racines dans au moins trois facteurs.

Management à la tronçonneuse

Le premier facteur prend sa source dans la tendance à la managérialisation des organisations publiques et privées, qui a conduit à l'importation de process, de méthodes et d'indicateurs, régulièrement désignés sous le vocable de « New Public Management » (nos derniers ministres de la fonction publique sont d'ailleurs issus du secteur privé après avoir fait des écoles de commerce) : il faut formaliser, reporter, justifier, archiver, avec le sentiment de ne plus avoir suffisamment de temps pour réaliser le cœur du métier : l'interaction humaine, ce dont témoigne l'une des participantes à mon enquête, rapportant devoir « bâcler régulièrement (s)on travail à cause de conditions notamment temporelles non soutenables, avec donc un service dégradé ». La simplification est devenue le faux nez de la dérégulation.

Standards à respecter, temps moyens de prise en charge d'un usager ou de traitement d'un dossier… sans égard pour la qualité réelle. Il faut « abattre » du dossier, quitte à mal le traiter et à devoir refaire toute la procédure, à octroyer des droits indus et à demander le remboursement, ou à priver des bénéficiaires de leurs droits. C'est ainsi qu'accélérer le délai de jugement, sans améliorer sérieusement les moyens de la justice, ne pourra conduire qu'à plus de sentiment d'injustice.

Ce qui n'est pas visible en devient disqualifié d'avance : le temps de travail en commun des soignants, le temps de préparation des cours des enseignants, le temps de réflexion préalable à l'action, le temps passé à l'intérieur du commissariat pour enquêter et rédiger, les temps de formation et de cohésion d'équipe indispensables à la qualité de la prise en charge…

Simplifier conduit de plus en plus à baisser le niveau d'exigence : abaissement du taux d'encadrement des jeunes, réduction de normes sociales et environnementales, allègement de justificatifs pour bénéficier ou rendre compte du bon usage d'une subvention publique…

Simplifier revient ainsi régulièrement à supprimer purement et simplement. C'est la promesse qui avait été faite par Valérie Pécresse pendant la campagne présidentielle de 2017, en s'attaquant à ce qu'elle qualifiait d'« administration administrante », ou plus récemment en appelant en novembre dernier à « un comité de la hache anti-bureaucratique », qui n'est pas sans rappeler l'image du président argentin Javier Milei brandissant une tronçonneuse en public.

Pourtant, loin des discours populistes, le rapport du sénateur Olivier Paccaud, daté du 22 mai 2024, met par exemple en avant une sous-administration dans l'Éducation nationale (on se rappelle à l'inverse les propos de l'ancien ministre Claude Allègre qui entendait « dégraisser le mammouth »), où le rapport entre le nombre de personnels administratifs et le nombre total d'agents est de six pour mille, quand il est de vingt pour mille au ministère de l'Économie[1]. Au total, la filière administrative du ministère de l'Éducation nationale ne représente que 4,3 % des emplois du ministère (chiffres 2022), avec une baisse de 21 % entre 2007 et 2021.

La hache comme la tronçonneuse sont l'expression d'une volonté d'extermination. Les partisans de ce modèle n'hésitent pas ainsi à me traiter de « parasite » sur les réseaux sociaux.

1. Olivier Paccaud, « Les personnels administratifs : rouages essentiels mais méconnus de l'éducation nationale », Sénat, commission des finances, 2024.

Le glissement sémantique de la « simplification » vers la « débureaucratisation » est une exagération rhétorique qui amplifie nos perceptions de la réalité, justifiant des politiques brutales, verticales, qui fragiliseront davantage encore la puissance publique. Le vice étant de faire appel aux méthodes de « *cost killing* » du privé qui ont provoqué la situation actuelle. Le numéro de magie est désormais bien rodé. Les prétendus sauveurs sont en réalité les pyromanes et les fossoyeurs. Le remède de « choc » aggrave l'état du malade imaginaire.

Le numérique, c'est pas toujours fantastique

Le deuxième facteur de complexification repose sur l'expansion des nouvelles technologies dans nos vies personnelles, professionnelles et citoyennes, sous couvert de simplicité et d'efficacité.

La dématérialisation a délégué de nombreuses tâches aux citoyens et aux citoyennes, sommés de renseigner des formulaires, de scanner des documents, de respecter des process jusqu'à la validation finale de leur dossier, puis de suivre ce dernier, et de relancer son traitement le cas échéant. Les choses apparaissent plus compliquées parce qu'il faut désormais les faire soi-même. Mais qui pourrait les faire à notre place, quand dans le même temps on trouve qu'il y a « trop de fonctionnaires » ?

Notre propension à vouloir nous passer d'humains pour être plus efficaces a conduit à apporter une réponse unique, standardisée, uniformisée pour l'ensemble des citoyennes et des citoyens, débouchant sur une « dématérialisation à marche forcée », maintes fois dénoncée par la défenseure des droits, qui a éloigné de nombreux publics de leurs droits, à l'instar des étrangers, du fait de la dématérialisation des titres de séjour (le sénateur de Seine-Saint-Denis Adel Ziane m'a indiqué qu'une grande partie des sollicitations qui lui parviennent sont liées au renouvellement de titres de séjour, ce qui en retour embolise les services et mobilise inutilement de nombreuses interventions générant elles-mêmes de la bureaucratie pour y répondre). L'accompagnement aux démarches administratives est ainsi devenu l'une des missions principales de certaines associations.

Simplifier, ça peut aussi vouloir dire exclure. Dans son rapport annuel sur la pauvreté, en novembre 2024, le Secours catholique répertorie les difficultés croissantes d'accès aux prestations sociales, du fait du durcissement des critères d'éligibilité, du renforcement du contrôle des usagers pauvres par les administrations et de l'automatisation des traitements. La débureaucratisation n'est visiblement pas destinée aux plus précaires. Derrière l'écran (de fumée) se loge en fait l'idéologie. La cosmétique tient lieu de politique.

Quand démocratie rime avec complexité

Le troisième facteur de complexification est d'une tout autre nature, car il a trait à l'exigence démocratique de bien administrer nos sociétés complexes, en s'assurant du bon usage des deniers publics et du respect des règles de vie commune.

Le terme de « bureaucratie » a acquis une connotation péjorative, entendu comme un excès de normes, de règles, de structures, de « paperasse ». Le sociologue Max Weber l'entendait comme un mode d'organisation visant la rationalisation de l'action, donc l'efficacité, une organisation de type bureaucratique offrant une hiérarchie claire et définie, des règles juridiques stables et une division du travail, permettant de rendre l'organisation sociale plus prévisible, mais aussi, en contrepartie, impersonnelle.

La norme organise la vie sociale. Elle peut être formelle ou tacite, à l'image des normes sociales intériorisées, dont nous prenons souvent conscience au contact d'autres cultures. Ce qui n'est pas écrit n'en est pas moins contraignant et aliénant.

Moins de normes écrites n'est pas synonyme de plus de libertés, notamment pour la masse des citoyens.

Le process écrit a au moins le mérite d'être un cadre commun transparent. Il est aussi ce qui permet d'identifier les responsabilités et les redevabilités, d'autant plus centrales dans une société qui tolère de moins en moins le risque et l'aléa. Nous l'avons constaté à l'occasion de la pandémie de Covid-19. C'est aussi ce que donne à montrer l'un des épisodes de la série *Chernobyl* (sortie en 2019), au moment où les ingénieurs perdent le contrôle de la centrale nucléaire et recherchent des solutions techniques dans les classeurs à leur disposition. La bureaucratie naît d'un besoin de contrôle et de sécurité.

Un jeune migrant m'avait confié que ce qu'il apprécie le plus en France, ce sont « ses normes », m'expliquant que dans son pays d'origine régnait davantage la norme tacite, l'arbitraire et l'injustice, à la fois dans les rapports entre individus, mais aussi entre l'individu et l'État. Nous l'oublions, mais la norme a d'abord une fonction protectrice, de préservation du bien commun et des droits de chacune et de chacun, y compris et d'abord, en théorie, des plus vulnérables. C'est ce que l'on appelle l'État de droit. « Entre le fort et le faible, entre le riche et le pauvre, entre le maître et le serviteur, c'est la liberté qui opprime et la loi qui affranchit » (Henri Lacordaire). L'excès de « débureaucratisation » peut donc aussi s'en prendre à la démocratie.

« Y avait-il encore un recours ? Existait-il des objections qu'on n'avait pas encore soulevées ? Certainement. [...] Où était le juge qu'il n'avait jamais vu ? Où était la haute cour à laquelle il n'était jamais parvenu ? » C'est vers la fin du *Procès* de Franz Kafka que ces questions restent posées en suspens, avant la sentence finale qui s'abattra sur le personnage central, Joseph K, qui ne sait ni de quoi on l'accuse, ni comment il peut se défendre. Contrairement à une idée largement répandue, l'œuvre de Franz Kafka n'est pas une critique simpliste de la bureaucratie, mais une tentative littéraire d'appréhender la complexité, en offrant une vision cauchemardesque de ce que serait une société régie par des normes qui ne sont pas connues et des procédures opaques.

La norme doit théoriquement réduire l'incertitude et l'injustice, mais elle doit respecter des conditions pour être démocratiquement acceptable : justice, proportion, connaissance, appropriation.

Or nos débats actuels sur la « simplification » tendent précisément à occulter cet aspect essentiel des choses : nous ne sommes pas égaux face à la norme. Il n'y a qu'à voir l'optimisation fiscale que peuvent se permettre ceux et celles qui en ont les moyens grâce à leurs connaissances ou aux conseils dont ils bénéficient. Si la dématérialisation de la déclaration des impôts sur les revenus a été fortement appréciée par une grande partie des contribuables, elle ne résout rien de l'inégalité devant l'impôt, tout en créant des exclus numériques.

Il y a simplification et simplification

Chaque jour, les administrations se remettent en question, adaptent leur process, intègrent de nouvelles normes, assurent coûte que coûte la continuité du service… et sont déjà à l'œuvre pour simplifier en permanence sans sacrifier les autres injonctions. On fait, on défait, on refait. On teste, on ajuste, on généralise. Pourtant le récit dominant efface cette dynamique, laissant à penser que nos structures publiques vivraient totalement déconnectées du réel, du présent, de l'avenir, comme si elles étaient poussiéreuses et paresseuses. Comme dans le privé, nous avons nos directions de l'innovation, nous travaillons avec des designers et des bénéficiaires pour requestionner les dispositifs, nous construisons des « parcours usagers »… L'État s'est même doté d'une Direction interministérielle à la transformation publique (DITP). Le chantier ne sera jamais pleinement achevé, l'ouvrage doit être sans cesse remis sur le métier.

Les concepts de simplification et de débureaucratisation sont en réalité des cris de ralliement faussement universels et consensuels. On ne sort de l'ambiguïté qu'à son détriment. Chacun en attend des bénéfices différents selon sa situation ou ses intérêts, et donc surtout en fonction de sa position sociale. Sous des apparences de pure forme se cachent en réalité plusieurs projets politiques, qui sont rarement clarifiés. S'agit-il par exemple de faciliter la vie du citoyen lambda qui a un problème de liquidation de sa petite retraite ou bien celle du grand patron pour qu'il s'exonère du respect de certaines règles sociales et environnementales ? En réalité, les accusations d'excès de bureaucratie à l'égard de l'État sont d'abord formulées par les puissants, et cette critique, qui fait écho à l'expérience vécue des citoyens, sert avant tout les intérêts des premiers dans leur rapport de force avec la puissance publique.

Le citoyen est lui aussi pétri de contradictions. Si nous voulons que nos démarches aillent vite, nous aspirons à bénéficier d'un temps suffisant en contact avec les agents publics lorsque nous en avons besoin. La demande de simplification ne serait-elle donc pas davantage une demande d'attention, et surtout de réponse ciblée à notre besoin ? Le baromètre Delouvrier indique que si la prise en compte des demandes et des intérêts des victimes apparaît comme l'attente prioritaire des Français à l'égard de la justice, elle n'obtient qu'un taux de satisfaction de 57 %[1].

Nous faut-il cacher la salle des machines, garantir un parcours sans coutures, ou rendre visibles les rouages

1. « Les services publics vus par les Français… », 2023, baromètre cité.

administratifs, tout en permettant à l'usager de se repérer, de comprendre, de participer au processus ? Le service public en mode « pilote automatique » en est-il encore un ?

Simplifier se limite encore trop souvent à informer, à repeindre la vitrine, sans considération pour les autres freins dans l'accès aux dispositifs et services publics, qui ne peuvent être levés que par l'entremise humaine.

Nous assistons à une concurrence informationnelle. Chaque Français est confronté chaque jour en moyenne à « 8,3 canaux d'information ». Paradoxalement, cette profusion d'informations tend à « une compréhension du monde rendue toujours plus difficile, voire impossible[1] » d'après David Medioni.

Nous faisons donc fausse route. Ce qu'il nous faut, c'est un « État relationnel », comme nous y incitent Daniel Agacinski, Romain Beaucher et Céline Danion, car

> « on apprend à respecter ces règles communes souvent comme on apprend à marcher ou à parler : par la relation avec les autres, qui nous racontent ou qui nous expliquent, qui nous accompagnent dans notre apprentissage. [...] La norme, en effet, n'est qu'une manière pour l'institution de nouer une relation avec les citoyens[2]. »

À force de considérer que tout ne serait qu'affaire d'intendance et de logistique, de « dernier kilomètre », de manque de loyauté ou d'efficacité des administrations, les politiques ont aggravé notre problème. Il était symptomatique d'assister à ces pratiques délétères pendant la crise sanitaire, avec des

1. David Medioni, « Sortir de l'émocratie », dossier *Sur la fièvre*, Fondation Jean-Jaurès, p. 112 à 115.

2. Daniel Agacinski, Romain Beaucher, Céline Danion, *L'État qu'il nous faut. Des relations à renouer dans le nouveau régime climatique*, Sciences Po Lyon, Berger Levrault, 2021, p. 98.

instructions ministérielles qui arrivaient la veille au soir pour le lendemain matin (quand ce n'était pas le matin même !), comme s'il suffisait d'appuyer sur un bouton pour lancer la machinerie administrative. Nos organisations publiques ne sont pas des chaînes de production industrielles. Elles sont des organisations humaines et devraient d'abord et avant tout être appréhendées comme telles.

« Il faut réformer l'État »

À force de vouloir tout contrôler, pour ne rien maîtriser, nos politiques ont grippé la machine, tout en livrant à la vindicte populaire des coupables tout désignés, comme l'illustre magistralement l'intervention du président Emmanuel Macron en mars 2024 devant les hauts fonctionnaires qu'il avait réunis, les rendant responsables du mécontentement des Françaises et des Français : « [...] Je pense que tout ce qui a été fait, l'intention est bonne, le mouvement est bon. Simplement, il manque en intensité, il manque en force, il manque en radicalité pour pouvoir être perceptible[1]. » Ni la pratique, ni l'orientation politiques ne sont mises en doute.

Faute de réussir à changer réellement la vie des gens, le politique se met donc en tête de « simplifier » leurs démarches administratives. La réforme de l'État tient lieu de programme politique depuis au moins cinquante ans, de la rationalisation des choix budgétaires (RCB) en 1968, en passant par le « renouveau du service public » de Michel Rocard en 1989, jusqu'à la loi organique relative aux lois de finances (LOLF) en 2001, puis la révision générale des politiques publiques

1. Déclaration d'Emmanuel Macron, président de la République, sur les priorités de la politique gouvernementale et la transformation de l'État, à Paris le 12 mars 2024.

(RGPP) en 2007, la « modernisation de l'action publique » (MAP) en 2012, et enfin « Action Publique 2022 » en 2017.

Une véritable croyance s'est installée dans notre pays : il suffirait de réduire le nombre de normes, de process, d'agents administratifs, de politiques publiques pour gagner mécaniquement en performance. Cette évidence trompeuse est pourtant démentie par les faits. J'en veux pour preuve la fausse bonne idée du ministre Bruno Le Maire de simplifier les fiches de paie, se vantant de les faire passer de 50 lignes à 15 lignes, au risque d'une moindre transparence et compréhension des éléments inscrits, plus de demandes auprès des DRH pour avoir le détail ou des explications… et donc plus de bureaucratie et moins de démocratie. Chapeau l'artiste ! Ce n'est pas la fiche de paie qui est complexe, mais notre système social, et il y a des raisons historiques, politiques et pratiques.

Le professeur associé à Télécom Paris Godefroy Beauvallet m'évoquait ainsi au cours d'une discussion la genèse du CERFA, aujourd'hui sur la sellette, m'expliquant qu'il avait été conçu originellement comme une modalité d'harmonisation et de simplification de la relation administrative. Nous perdons ainsi, au fil du temps, la mémoire de la raison d'être de certains dispositifs. C'est d'ailleurs la nécessité d'assurer la continuité de l'État et des services publics qui justifie régulièrement le recours à l'écrit et à la formalisation.

La fragilisation de la fonction publique de carrière et du statut devrait en ce sens nous préoccuper, car ce mécanisme garantissait la permanence de la mémoire administrative et la transmission organisée et durable de savoirs au cours du temps. Dans la série *Chernobyl*, où le drame se produit de nuit, c'est une équipe inexpérimentée qui fait face à la catastrophe, incapable de comprendre la situation et de prendre les bonnes décisions, contrainte à se raccrocher dans l'urgence à une notice explicative, qui ne sera évidemment d'aucun secours.

La réforme de l'État, l'écran de fumée politique

Les responsables politiques ne sont pas non plus à une contradiction près. Tout en promettant sans cesse de réduire le nombre de normes, ils en créent de nouvelles en permanence. S'interrogent-ils seulement sur ce que cela produit concrètement dans la vie des administrations et des individus, sur les conditions de réussite des dispositifs ou sur la justesse des orientations politiques mises en œuvre ?

Il n'y a qu'à constater les faibles moyens en exécution, en contrôle, en évaluation et en inspection de nos administrations pour trouver la réponse. Le politique contemporain s'inscrit dans le court terme. Il se soucie peu des résultats de son action. D'autres devront se rendre comptables de son bilan réel. L'administration s'inscrit, quant à elle, théoriquement, dans le temps long. En a-t-elle encore les moyens ? Est-ce ce qu'on lui demande ? Le temps des changements n'est pas de l'ordre de l'incantation politique. Il vaudrait mieux prioritairement réformer la politique et ses pratiques avant de s'en prendre à l'État. Mais le politique phagocyte tout l'espace du débat public, où il défend ses positions.

Les acteurs privés ne sont pas plus innocents, chaque corporation négociant des règles à son avantage. Il n'y a qu'à voir l'énergie dépensée par des grands groupes pour leur propre lobbying afin d'orienter les textes en leur faveur, en préservant de nombreuses exceptions qui leur permettront de s'exonérer de la règle commune ou de préempter certains segments de marché.

La profusion rédactionnelle est pourtant loin de se limiter aux lois. Elle se déploie dans l'administration du quotidien en décrets, arrêtés, circulaires, notes internes, chartes, guides… Nous avons du mal à concevoir l'action publique autrement que par la production de textes. Cette abondance s'est aussi nourrie des projets, stratégies, schémas, contrats, études d'impact et plans d'action, pour le plus grand bonheur de cabinets de conseil. Un fonctionnaire territorial me confiait en ces termes son désarroi : « On n'a jamais autant développé d'outils et je n'ai jamais eu autant l'impression de naviguer à vue. » Et si cette impression était aussi celle de nos concitoyens ?

Cette mauvaise bureaucratie est davantage une tare politique qu'une création interne à l'appareil administratif. Elle est d'abord la marque d'un manque de confiance envers les agents publics, les élus locaux, les associations, les citoyens… C'est ainsi qu'il faut percevoir par exemple le remplacement des subventions aux associations par des appels à projet ou appels à manifestation d'intérêt, qui nécessitent de déposer des dossiers de plusieurs dizaines de pages à chaque projet, et qui fragilisent la pérennité des associations, remettent en question les actions de fond de long terme et précarisent leur personnel. Bien sûr les administrations elles-mêmes sont marquées du sceau de cette défiance institutionnalisée, qu'il convient de déconstruire.

La réforme de l'État, ou l'affaiblissement de la puissance publique

Et si finalement les mauvaises réformes de l'État n'étaient devenues que le faux nez de la contestation de son intervention par principe, pour mieux ouvrir le champ à la privatisation des problèmes publics ? Et si nous étions en train d'affaiblir nos démocraties et le rôle des citoyens dans le fonctionnement de nos institutions publiques ?

En effet, régulièrement, le dysfonctionnement tire son origine de la nécessité d'organiser la vie sociale face à des initiatives privées ou des comportements individuels problématiques, dysfonctionnels, déviants, nocifs, frauduleux. De là émerge une légitime demande d'intervention publique pour réguler, corriger, souvent imparfaitement et avec retard, comme ce fut par exemple le cas avec le développement anarchique des locations immobilières de courte durée, qui pourrissent la vie du voisinage et font grimper les prix des loyers et de l'immobilier: législation, réglementation, mise en place de services administratifs dédiés, contrôles, déclarations…

La boucle infernale pourrait se résumer assez simplement:

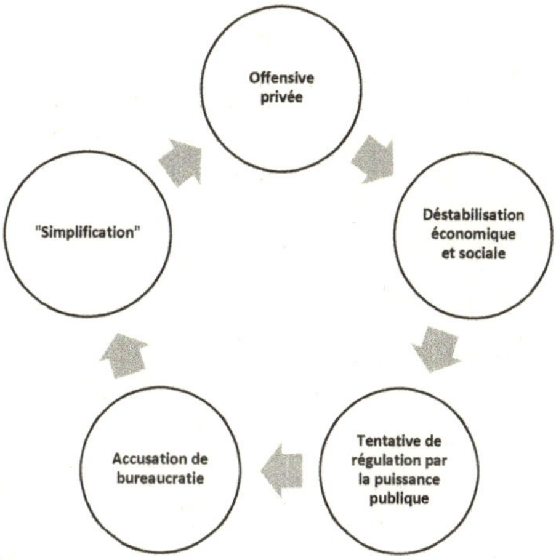

C'est précisément sur ce terrain de la bataille culturelle que l'offensive est menée. Ce qui gêne, c'est quand l'intervention de l'État empêche la « libération des énergies ». En guise de réforme, c'est davantage une privatisation de la bureaucratie. Pour de nombreux partisans de la réforme, l'État doit en réalité s'effacer. Il doit se faire plus sobre, moins tentaculaire. Il faudrait réduire son emprise sur le champ social tout en en prenant le contrôle et en réorientant sa puissance vers certains pans de l'économie. C'est exactement le projet du binôme infernal Trump/Musk aux États-Unis. Au bénéfice de qui?

Nous n'attendons pas la même chose des acteurs publics que des acteurs privés, a fortiori dans une société qui se veut démocratique. C'est l'une des raisons pour lesquelles les administrations sont soumises à un droit particulier, le droit public, et à un juge particulier, le juge administratif. Égalité, universalité d'accès, continuité, transparence, redevabilité, maîtrise des finances publiques, probité, exemplarité… autant d'injonctions qu'il nous faut pouvoir concilier et dont il nous faut pouvoir rendre compte devant les citoyennes et les citoyens.

« Le privé (lucratif) fait mieux que le public »

L'une des grandes ruses des dernières décennies, sous l'impulsion d'économistes néolibéraux, de responsables politiques mais aussi d'intérêts économiques puissants et organisés, a été de réaliser une incroyable inversion des perceptions : le secteur public y est présenté comme étant partial et inefficace (« gabegie », « petits arrangements », etc.), tandis que le privé ne serait mu que par des logiques de performance et de meilleur service, ses intérêts étant présentés comme convergents avec ceux des citoyens, appréhendés comme des consommateurs rationnels.

Les comparaisons entre le secteur public et le secteur privé lucratif[1] sont habituellement réalisées sur des périmètres et des objets distincts, sans tenir compte des publics, des spécificités et des contraintes qui s'appliquent aux services publics.

Ces visions binaires et caricaturales tendent à simplifier et à biaiser la lecture de la réalité telle qu'elle est, à sélectionner des indicateurs facilement mesurables, à privilégier la rentabilité plutôt que l'utilité sociale et la durabilité. Les enquêtes de terrain du journaliste Victor Castanet sur les crèches[2] et

1. Le secteur privé non lucratif (associations, mutuelles, fondations, coopératives…) est traité ailleurs, étant généralement perçu comme du presque para-public.
2. Victor Castanet, *Les Ogres*, Paris, Flammarion, 2024.

les EHPAD à but lucratif[1] ont montré à la France entière la supercherie, la maltraitance des personnes vulnérables, les mauvaises conditions de travail, la piètre qualité du service, le détournement d'argent public… mais aussi la responsabilité des pouvoirs publics qui ne régulent pas suffisamment ces secteurs, voire encouragent ces pratiques à travers les délégations de service public centrées sur des logiques de moindre coût.

L'approche de l'Union européenne, qui détache l'objet, l'intérêt général, de l'entité chargée de pourvoir aux besoins, publique ou privée, a légitimé les porosités. L'ouverture à la concurrence du secteur ferroviaire a démontré l'aporie de cette logique, les opérateurs ayant tendance à se concentrer sur les segments les plus fréquentés et donc les plus rentables.

Nous disposons désormais d'une grande diversité de formes d'organisations pour prendre en charge des missions d'intérêt général, national ou stratégique : sociétés d'économie mixte (SEM), sociétés publiques locales (SPL), entreprises publiques, sociétés anonymes à capitaux publics (ex. : la SNCF, La Poste)… Nous ne savons plus toujours très bien ce qui demeure dans le giron du secteur public. Le citoyen n'y a pas vraiment gagné en lisibilité. Il n'est pas certain que le consommateur en soit toujours sorti gagnant non plus.

Services publics, fortunes privées : de l'universalité au tri

Le secteur privé lucratif (qui représente par exemple environ un tiers des établissements de santé), tend à se porter sur les segments rémunérateurs, à choisir ses publics, à capter les situations les moins complexes et les utilisateurs les plus solvables.

Les cliniques privées ont ainsi su tirer avantage du système de tarification à l'activité (T2A), initialement conçu pour

1. Idem, *Les Fossoyeurs*, Paris, Fayard, 2022.

mieux piloter les dépenses de santé et allouer les budgets, par une connaissance plus fine de l'activité réelle. En 2023, la Cour des comptes résumait toute l'ambivalence de la situation :

> « La concurrence sur les courts séjours s'intensifie depuis 2014 dans les métropoles tandis que le secteur public assure de plus en plus, et presque exclusivement, la couverture des besoins sur l'ensemble du territoire ainsi que les soins pour les pathologies les plus sévères, ou dans les contextes sociaux les plus difficiles[1]. »

Nous ne pouvons pourtant pas aujourd'hui nous passer de l'intervention de ces structures privées pour prendre en charge les besoins de la population, mais nous pourrions a minima mieux réguler.

Le phénomène de financiarisation et de constitution d'oligopoles autour de quelques grands acteurs est encore plus préoccupant que ce que nous avons connu auparavant. Quatre grands groupes se partagent ainsi 70 % de l'activité privée en santé (Ramsay, Elsan, Vivalto, Alma Viva). Un quatuor mène également la danse dans le secteur des crèches lucratives (Les Petits Chaperons Rouges, People and Baby, la Maison Bleue, Babilou). De fait, les acteurs et l'argent publics soutiennent et solvabilisent cette offre privée, qui peut équilibrer son modèle sur d'autres segments de marché en France et à l'international. Dans le même temps les mêmes acteurs publics se désengagent de services en régie directe ou délégués à des organisations à but non lucratif. La gestion de services publics alimente ainsi des fortunes privées.

---

1. « Les établissements de santé publics et privés, entre concurrence et complémentarité », Cour des comptes, 2023.

Notre système éducatif fait face à une situation assez proche. L'existence d'un système privé d'enseignement (à 90 % catholique) permet de répondre à des besoins complémentaires par rapport au secteur public, tout en devant appliquer les programmes scolaires. Une bonne partie de son financement provient de budgets publics, puisque 55 % du budget des écoles maternelles et primaires et 68 % du budget des collèges et lycées privés proviennent de l'État[1] et entre 10 et 20 % du budget des établissements privés provient des collectivités, pour un total estimé à 12 milliards d'euros d'argent public par an.

Pourtant, d'après l'OCDE,

> « les établissements privés sous contrat accueillent une part plus importante d'élèves issus de milieux socio-économiques favorisés que les établissements publics, et cette part a augmenté au cours des deux dernières décennies [...]. L'admission sélective permet aux établissements privés de "trier sur le volet" les élèves à haut potentiel et d'obtenir un avantage concurrentiel qui ne résulte pas nécessairement de la qualité de l'enseignement qu'ils dispensent [...]. Ainsi, si les élèves des établissements privés, en France et dans les pays de l'OCDE, obtiennent de meilleurs résultats aux tests, ils obtiennent en moyenne des résultats inférieurs lorsque les caractéristiques socio-économiques sont prises en compte[2]. »

C'est ce qui avait motivé le dépôt d'une proposition de loi sénatoriale visant à autoriser la puissance publique à conditionner les subventions accordées aux établissements privés sous contrat à des critères de mixité sociale et scolaire le 3 avril 2023, à l'initiative du sénateur Pierre Ouzoulias.

1. « L'enseignement privé sous contrat », Cour des comptes, 2023.
2. « Études économiques de L'OCDE », 2024, étude citée, p. 122-123.

Les établissements privés comptent relativement plus d'élèves favorisés que les établissements publics

Écart entre les élèves favorisés et défavorisés dans les établissements privés, en points de pourcentage

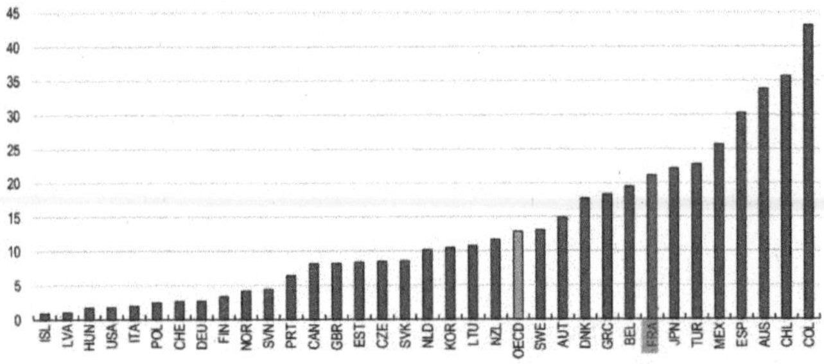

Note : Résultats basés sur les rapports des chefs d'établissement. Un élève est considéré comme défavorisé (favorisé) sur le plan socioéconomique s'il se situe dans le quartile inférieur (supérieur) de l'indice PISA de statut économique, social et culturel (SESC) de son pays. Les données pour la Belgique ne concernent que les communautés francophone et germanophone.
Source : OECD (2023), PISA 2022 Results (Volume II): Learning During – and From – Disruption, PISA, OECD Publishing, Paris, https://doi.org/10.1787/a97db61c-en.

StatLink https://stat.link/f04z1s

Référence : « Études économiques de l'OCDE : France 2024 », OCDE, 2024, p. 122.

Pourtant, dans les faits, l'État contrôle relativement peu ces établissements d'un point de vue financier et pédagogique, tandis qu'ils conduisent à un contournement de la carte scolaire, même si des établissements privés accueillent aussi des jeunes qui ont échoué dans le secteur public et répondent parfois mieux à certains besoins spécifiques.

Faute de renvoyer une bonne image générale dans l'opinion publique, l'école publique en vient à être contournée. D'ailleurs, les périodes de plus forte attraction pour l'enseignement privé ont souvent coïncidé avec la médiatisation des difficultés de l'école publique[1].

1. Ismaïl Ferhat, *1984-2024 : comment les écoles privées sous contrat sont-elles sorties des débats politiques ?*, Fondation Jean-Jaurès, 2024.

La privatisation des affaires publiques

Il y a dix ans, Jared Cohen et Eric Schmidt s'autorisaient à considérer que les grandes entreprises de la tech seraient plus efficaces que l'État, ce qui devrait conduire à leur déléguer des politiques publiques[1]. La réussite économique de ces acteurs leur donne une surconfiance dans leur capacité à diriger le monde social.

Doctolib est aujourd'hui présenté par certains comme le service public de la prise de rendez-vous avec un professionnel de santé, tout en étendant toujours plus les fonctionnalités proposées aux praticiens et aux patients. Il n'est pourtant qu'une entreprise d'optimisation, qui ne remplit ni l'objectif d'accessibilité ni celui de qualité qui sont attendus d'un service public. Au contraire, il participe d'une logique consumériste et non hiérarchisée des besoins de santé. La visioconférence permet d'enchaîner les créneaux toutes les 10 ou 15 minutes. L'interaction patient/praticien perd en substance. L'usage précède la politique.

L'entrisme ou l'emprise du secteur privé sur les activités d'intérêt général combine à la fois des stratégies politiques de délégation de services publics, de laisser-faire libéral et d'affaiblissement plus ou moins volontaire des fleurons publics.

À toutes les échelles d'administration, la puissance publique a confié l'exercice de certaines missions à d'autres acteurs, qu'il s'agisse des politiques publiques (eau, voirie, aménagement, assainissement, déchets, crèches, maisons de retraite…), de fonctions support (entretien des locaux, gardiennage, sécurité, logistique…) ou de prestations intellectuelles (conseil, réorganisation, prospective budgétaire, stratégies de territoire…)

1. Jared Cohen, Eric Schmidt, *The New Digital Age. Reshaping the Future of People, Nations and Business*, New York, Alfred a Knopf Inc, 2013.

Exercées théoriquement sous le contrôle des autorités publiques, ces activités obéissent à des cahiers des charges précis, que les administrations ne sont pas toujours en capacité de contrôler et de faire respecter. Ces délégations sont autant la résultante de convictions qu'un héritage de l'histoire ou le fruit de la nécessité, faute de disposer des ressources nécessaires en interne, ou pour limiter la « masse salariale », c'est-à-dire les dépenses de personnel, reportées sur d'autres budgets.

Cette délégation au privé permet également de faire sortir de terre des projets d'infrastructures qui nécessitent de lourds investissements et de lisser le coût sur plusieurs décennies, à l'image des partenariats public-privé, passés dans le langage courant comme des « PPP », mobilisés dans le cadre de construction et de gestion de stades ou de prisons par exemple, et qui se révèlent régulièrement plus coûteux sur la durée du contrat. Économies de court terme, braderie publique à long terme.

Je ne peux m'empêcher de faire le parallèle avec la privatisation de villes entières qui servent de décor à l'immense dystopie dessinée par Alain Damasio dans *Les Furtifs*[1], où « une ville dite "libérée" est une ville soustraite à la gestion publique et intégralement détenue et gérée par une entreprise privée ».

Il est bien souvent difficile de savoir si ces modes de gestion déléguée au privé sont rentables à moyen ou long termes, si les investissements nécessaires pour assurer la durabilité des infrastructures sont réalisés, si la qualité est au rendez-vous. Prend-on d'ailleurs la peine de bien définir ce qu'est un service de qualité et d'anticiper sur toute la durée de la délégation l'évolution des usages et des priorités d'action ? Les marchés publics se contentent bien souvent de définir des conditions générales, de s'assurer de la solidité du prestataire, de définir

1. Alain Damasio, *Les Furtifs*, Clamart, La Volte, 2019, p. 39.

des standards normés et chiffrés (par exemple : nombre de salariés mobilisés, niveau de diplôme requis, règles de sécurité à respecter, horaires de service à assurer…), sans véritable égard pour le contenu des services délivrés et leurs fonctions de transformation sociale.

Deux chercheurs en économie, Julie Valentin et François-Xavier Devetter, ont étudié l'externalisation des prestations de nettoyage par deux conseils départementaux. Ils en sont arrivés aux conclusions suivantes : dégradation des conditions de travail et d'emploi (contrats précaires avec moins d'heures travaillées et moins de rémunération), missions moins polyvalentes des salariés et niveau de formation plus faible, carences dans les méthodes de calcul utilisées pour comparer les coûts entre les secteurs public et privé, avec un manque d'approche en coûts complets[1].

La délégation suppose le contrôle. Elle devrait donc s'accompagner de forces vives au sein des administrations en capacité de définir le besoin, donner une orientation précise, réguler, encadrer, contrôler, et si besoin sanctionner les acteurs défaillants. Délégation ne devrait jamais rimer avec dépossession. Nous touchons là à un problème démocratique majeur. Là encore, la Cour des comptes a rappelé que c'était loin d'être le cas. Elle a également pointé les rapports déséquilibrés entre les collectivités et les prestataires, évoquant des évaluations préalables au recours à l'externalisation « non systématiques » et « inégalement abouties », le caractère oligopolistique de certains secteurs, le faible partage des risques par les opérateurs privés, essentiellement portés par les collectivités, ainsi que des gains imprévus dont bénéficient peu les finances publiques, ou

1. Géraldine Langlois, « Externalisation du nettoyage dans les collèges : un coût financier et social », *La Gazette des communes*, 9 février 2022.

encore des données de gestion partiellement partagées par les entreprises délégataires auprès des acteurs publics[1].

Bien plus problématique encore est le manque de contrôle total sur des initiatives privées anarchiques, à l'exemple du développement fulgurant de centres de santé privés lucratifs, que l'émission *Complément d'enquête* du jeudi 14 mars 2024, intitulée « Centres de santé : profits sur ordonnance », avait mis en lumière. Cette enquête nous dévoilait notamment les fraudes à l'assurance maladie, la sur-prescription médicale, les examens inutiles, les professionnels non habilités à pratiquer les actes, la mauvaise qualité des soins… avec nécessairement de lourdes conséquences pour les patients. Une interview de l'ancienne ministre des Solidarités et de la Santé de 2017 à 2020, Agnès Buzin, révèle une absence totale d'anticipation des stratégies agressives d'acteurs privés, une forme de naïveté politique, doublée d'un manque de courage face à un écosystème qui refuse la mise en place d'autorisations préalables… sous couvert de simplification des procédures !

La faiblesse publique se manifeste par bien d'autres aspects. Elle prend par exemple les oripeaux d'un sous-financement chronique et de répartition erratique des subsides publics. L'enseignement supérieur et la recherche sont les premiers à en faire les frais. De grands groupes s'engouffrent dans la brèche pour proposer des partenariats avec les universités françaises, qui ne sont même pas toujours à l'avantage financier des établissements publics. C'est notamment le cas de Total Énergies, qui a créé depuis le début des années 2000 l'association Total Professeurs Associés, avec des professionnels qui interviennent devant les étudiants[2].

---

1. « Les délégations de gestion de services publics locaux », Cour des Comptes, 2024.
2. URL : <https://prof.totalenergies.com/tpa/>

La qualité bradée

« Le service public hospitalier a permis un diagnostic précis d'une pathologie, que mon accompagnement par une clinique privée n'avait pu faire dans un premier temps[1]. » Si l'hôpital va mal, il continue chaque jour à démontrer ses deux principales préoccupations : accueillir chaque patient de manière inconditionnelle et offrir l'excellence médicale pour toutes et tous. Le baromètre Delouvrier nous enseigne ainsi que les Français sont satisfaits à hauteur de 81 % de la qualité des soins reçus, de 76 % de l'accès et de la gratuité des soins, de 71 % de l'information sur l'état de santé, les possibilités de soin et l'orientation vers les bons services, et de 69 % de la qualité de l'accueil des malades et des familles[2].

Cette excellence ne tient pas qu'aux éminents médecins qui continuent de servir l'hôpital public. Elle est le fruit de la collaboration d'un système d'acteurs, qui implique toute une chaîne d'interventions interdépendantes : personnel de ménage en charge de la maîtrise du risque sanitaire, personnel administratif en charge de l'accueil, de la prise de rendez-vous et des démarches, aides-soignants et aides-soignantes, infirmiers et infirmières, brancardiers et brancardières, personnel de surveillance, direction…

C'est grâce à cet exercice coordonné dans un même lieu, avec des professionnels mus par l'intérêt général, que la permanence d'accès aux soins de santé (PASS) de l'hôpital Saint-Louis parvient à prendre en charge les situations les plus complexes pour des publics précaires, dans une approche de

1. Réponse à mon enquête en ligne.
2. *Op. cit.*, « Les services publics vus par les Français… », Baromètre de l'Institut Paul Delouvrier, 2023.

santé globale, en évitant des coûts futurs, par une politique du « juste soin au juste coût[1] ».

À force de découper les processus en tâches de plus en plus optimisées, certaines pouvant être déléguées à des acteurs privés, de segmenter certains maillons, nous en venons à perdre en co-responsabilité et en vue d'ensemble.

Dans un rapport conjoint entre l'Inspection générale des affaires sociales et l'Inspection générale des finances[2], les deux corps d'inspection rappellent que le modèle des micro-crèches (à 75 % des structures privées lucratives), qui était censé répondre aux besoins des territoires ruraux, a finalement connu un important développement dans les grandes villes, faute d'une répartition géographique organisée par la puissance publique. Le privé sait régulièrement faire vite, mais fait-il toujours bien ?

> « Le cadre réglementaire applicable aux micro-crèches en matière d'accueil est moins exigeant que dans les autres EAJE[3], notamment en matière de qualification des personnels ou de taux d'encadrement des personnels. Il rend celles-ci particulièrement attractives dans un contexte de pénurie de professionnels de la petite enfance et permet d'abaisser les coûts des structures, mais fait peser un risque sur la qualité de la prise en charge. »

Les prétendus bénéfices de la privatisation de services publics pour les usagers sont donc régulièrement démentis par

1. Claire Georges-Tarragano, Denis Mechali et Benoît Pons, « Soins en Permanence d'accès aux soins de santé (PASS) : la vulnérabilité comme facteur d'innovation et de résilience », *Médecine et Philosophie*, n° 10, 2024.
2. « Micro-crèches : modèles de financement et qualité d'accueil », IGAS, IGF, 2024.
3. Établissements d'accueil des jeunes enfants.

les faits. D'ailleurs, les déboires d'entreprises privées avaient conduit au rachat par l'État des Chemins de fer de l'Ouest en 1908, puis à la création de la SNCF au milieu du siècle. L'histoire est un perpétuel recommencement. Au Royaume-Uni, en novembre 2024, le Parlement a quant à lui voté la renationalisation du rail après plusieurs décennies de gestion privée qui a débouché sur une dégradation du service. Nous n'apprenons rien de nos erreurs.

À titre personnel ou professionnel, il m'est ainsi arrivé à plusieurs reprises de faire face à des coupures de connexion Internet et de devoir faire appel à l'opérateur Orange, ex-France Télécom, pour rétablir la ligne, coupée par un installateur concurrent. Les techniciens de chez Orange, dont certains sont encore sous l'ancien statut, passent désormais beaucoup de temps en intervention à réparer les mauvaises manipulations volontaires ou non des salariés, contractuels ou intérimaires des entreprises concurrentes, peu compétents ou scrupuleux.

Claire Lemercier, historienne et directrice de recherche au CNRS, aime également à nous rappeler les échecs historiques de la privatisation d'un certain nombre de services publics, tels que les phares, concédés à des entreprises privées, cette concession s'étant accompagnée d'une hausse du nombre de naufrages au XIXe siècle du fait de la recherche d'économies, par la restriction de la quantité d'huile utilisée pour alimenter les feux servant aux marins à se repérer[1]. Que vaut donc une vie sauvée ?

Les choses se passent en réalité comme si tout le monde avait le droit à l'erreur, sauf les administrations, sommées de tout réussir et de tout concilier, même l'impossible. Le privé

1. Julie Gervais, Claire Lermercier, Willy Pelletier, *La valeur du service public*, Paris, La Découverte, 2021, p. 334.

a le droit de se tromper, il a le droit d'essayer, il a le droit de faire des économies parce qu'il doit être rentable. Il y a une forme de dissymétrie que nous devons interroger. « Soyez réalistes, demandez l'impossible », ne serait-ce pas la mission prométhéenne que nous assignons à nos entités publiques ?

Dans son livre-enquête, Victor Castanet ne manque d'ailleurs pas de pointer la contradiction lorsque des entreprises privées n'hésitent pas à payer des berceaux plus de 25 000 euros pour leurs salariés auprès de crèches privées lucratives, tandis « qu'une mairie dépense plus de 10 000 euros en régie directe », et que des offres *low cost* en délégation de service public descendent désormais jusqu'à 3 000 euros le berceau, et même parfois moins[1] !

À l'inverse, ne serions-nous pas aveugles et sourds quand des entreprises privées, au nom de la liberté, de l'efficacité et de la rentabilité, rognent sur notre santé, polluent eau, air et sol, licencient sèchement, pillent des données privées qu'elles monétisent, concurrencent de manière déloyale le secteur public… et font assumer aux finances publiques les coûts de leur seul intérêt ?

Et si, fondamentalement, le sujet n'était pas tant l'affrontement « public/privé » que les règles du jeu, la répartition des ressources et les rapports de pouvoir, en somme l'organisation de la vie sociale ? C'est en tout cas une hypothèse à explorer sérieusement, quand une majorité de Français sont prêts à élargir le périmètre de ce qui devrait être considéré comme des services publics à certains services privés, comme nous avons pu le vérifier avec Le Sens du service public :

1. Victor Castanet, *Les Ogres*, 2024, *op. cit.*, p. 357.

Les services considérés comme un service public

Selon vous, chacun des services suivants devrait-il être considéré comme un service public ?	OUI	NON	NSP
Les pharmacies	71%	28%	1%
Les médecins libéraux	69%	30%	1%
Les établissements de soin privés (cliniques, centres de santé privés…)	63%	36%	1%
Les guichets bancaires et distributeurs de billets	56%	43%	1%
Les ambulances privées	53%	46%	1%
Les commerces alimentaires de proximité	42%	57%	1%
Les boulangeries	39%	60%	1%
Les cafés	28%	70%	2%

Source : Sondage OpinionWay pour le Sens du service public
Les inégalités d'accès aux services publics en France et l'impact sur le vote – Janvier 2025

« Il faut simplifier le millefeuille territorial »

Notre pays adore les tartes à la crème. Mais il est aussi friand de millefeuille, qu'il décline à toutes les sauces. La réforme territoriale est devenue, comme la réforme de l'État, un des incontournables des programmes, campagnes et registres politiques. L'idée générale consiste à dire qu'il suffirait de bien répartir les compétences et les moyens entre acteurs publics pour donner de la lisibilité aux citoyens, responsabiliser les acteurs publics et rationaliser l'usage des deniers publics.

D'autres pays en Europe et dans le monde disposent de plusieurs strates d'administrations locales, généralement autour de trois, même si les comparaisons ont leurs limites (superficie des États, périmètres d'intervention publique, modalités d'administration…) Si la France présente une particularité, c'est surtout par le nombre de ses communes (un peu moins de 35 000), mais aussi par des budgets et des compétences plus limités des échelons locaux (la dépense publique locale représente 11 % du PIB en France, contre près de 18 % en moyenne dans les autres pays de l'Union européenne[1]).

Les dépenses des administrations publiques locales parmi les dépenses publiques (en milliards d'euros)

	Administrations publiques centrales	**Administrations publiques locales**	**Administrations de sécurité sociale**	**Ensemble des administrations publiques (b)**
Total des dépenses	**641,5**	**295,3**	**704,3**	**1 538,9**
Services généraux	152,5	54,6	4,5	163,6
Défense	48,3	-	-	48,3
Ordre et sûreté publics	36,6	9,2	-	45,5
Affaires économiques	131,5	56,9	0,1	176,9
Protection de l'environnement	5,8	24,2	-	28,6
Logements et équipements collectifs	8,0	25,5	-	32,5
Santé	17,1	2,0	230,2	240,1
Loisirs, culture et culte	11,3	27,4	-	37,8
Enseignement	100,2	40,4	-	137,8
Protection sociale	130,2	55,2	469,6	627,8

Source : DGCL. Données : Insee, Comptes nationaux - Base 2014 (à la différence des autres parties de ce chapitre, les dépenses par fonction des APU en base 2020 ne seront disponibles qu'en décembre 2024).

(a) Il s'agit des dépenses consolidées : les flux internes aux sous-secteurs et entre sous-secteurs ne sont pas comptés dans les dépenses.
(b) Montants neutralisés des flux entre administrations. Par exemple, la Dotation Globale de Fonctionnement (DGF) versée par l'État aux collectivités locales figure conventionnellement dans les « services généraux des administrations publiques ».

1. « Les finances locales », rapport public annuel, Cour des comptes, 2023.

71 % des communes françaises ont moins de 1 000 habitants. La moitié de la population française réside ainsi dans des communes de moins de 10 000 habitants, qui représentent 97 % du nombre des communes (chiffres DGCL, 2024).

Si la création des communes et départements remonte à la Révolution (sans les prérogatives que nous leur connaissons aujourd'hui), les régions et les intercommunalités (1 254 EPCI à fiscalité propre) sont des émanations plus récentes de la volonté décentralisatrice qui s'est exprimée à partir des années 1980 et au tournant du XXIe siècle dans notre pays. La décentralisation s'est accompagnée parallèlement d'un mouvement de déconcentration, incarné par les préfets et sous-préfets, représentants de l'État garants sur place de l'unité nationale et de l'ordre républicain.

La réforme permanente

À intervalles réguliers, et en fonction des humeurs du moment, on nous propose de supprimer tel ou tel échelon, de regrouper telle ou telle structure. Quel échelon faudrait-il donc supprimer ? La commune, qui n'a plus toujours les moyens de ses ambitions, mais qui reste « la cellule de base de la démocratie » et l'échelon de proximité par excellence ? L'intercommunalité, présentée comme une dépossession de l'échelon communal, mais qui organise ingénierie, projets et mutualisation de moyens à l'échelle d'un bassin de vie ? Le département, aux marges de manœuvre budgétaires de plus en plus étroites, devenu spécialiste des si complexes politiques sociales et indispensable soutien des petites communes ? La région, sanctuarisée dans son rôle de stratégie, de planification, de développement économique et territorial et de formation, malgré des leviers limités ? Dans un millefeuille, toutes les couches comptent.

Solution intermédiaire, certains prônent le regroupement, notamment à l'échelle communale. C'est la proposition relativement radicale formulée dans une étude de l'Institut Terram par Jean Coldefy et Jacques Lévy qui proposent d'organiser la France en 900 territoires locaux, les communes devenant des arrondissements avec des budgets destinés aux projets d'intérêt local[1]. En France, les communes nouvelles, timidement expérimentées dans quelques territoires, ne sont pas très éloignées de cette proposition, bien qu'à une échelle plus fine. La crise de vocation et la difficulté à constituer des listes complètes de futurs conseillers municipaux aux échéances à venir nous enjoindront peut-être à trouver d'autres solutions que celles existantes.

Cela n'est pas sans rappeler les réformes de la carte territoriale menées au Danemark sur les cinquante dernières années, qui ont progressivement conduit à diviser par dix le nombre de communes, passant de 1 000 à 100, pour un pays de près de 6 millions d'habitants (68 millions en France) et près de 43 000 km^2 (638 475 km^2 en France) avec des compétences plus vastes par exemple en matière d'éducation, d'emploi et de santé. Cela s'est traduit par des « restructurations » de services (hôpitaux, établissements scolaires), mais à l'inverse la délocalisation de quelques milliers de fonctionnaires des agences gouvernementales[2].

Entre l'adaptation de l'existant et la grande réforme, le choix est à la fois démocratique et gestionnaire. L'efficacité et la qualité sont-elles au rendez-vous ? Quels sont les coûts

1. Jean Coldefy, Jaques Lévy, « Réforme territoriale: pour une démocratie locale à l'échelle des bassins de vie », Institut Terram, 2024.
2. Ces éléments de comparaison sont issus d'une lecture attentive du compte Linkedin de Jean-Louis Rocheron, spécialiste des politiques publiques et du bloc local, qui vit actuellement au Danemark.

budgétaires réels, à la fois directs et indirects (on ne perçoit que ce que l'on mesure) ? Quel est le coût politique et symbolique de la proximité et de l'éloignement (ou ce qui peut être ressenti comme tel) ? Quelle est l'acceptabilité sociale de telle ou telle forme d'organisation quotidienne ?

Les milliers d'élus locaux sont la première ligne de la République. Ils et elles sont l'essentiel de notre système de prise en charge républicain. Ils repèrent, ils écoutent, ils dialoguent, ils orientent, ils intercèdent, ils font, avec leurs moyens, leur expertise, leur temps, du conflit de voisinage rapidement réglé par l'effet de proximité à la réouverture du bar du coin sous une forme associative, à l'identification des personnes âgées isolées ou à la maîtrise des règles d'urbanisme de plus en plus subtiles. On mésestime à l'inverse régulièrement les coûts de gestion, de coordination, d'inertie des grosses structures, quand les plus petites sont agiles et économes. L'enjeu devient dès lors de savoir à quelle échelle il est le plus pertinent d'agir.

À quoi sert-il de décentraliser si nous n'avons que des collectivités gestionnaires, enserrées dans les multiples injonctions d'un État central qui n'a lui-même plus toujours les leviers pour faire ? Que valent les votes aux élections locales si les équipes politiques disposent de si peu de marges de manœuvre pour adapter les politiques locales ? Éric Bellouin, le maire de ma commune de Saint-Clément en Corrèze considère qu'« aujourd'hui, la décentralisation c'est l'État qui ne fait plus et qui dit aux collectivités : “débrouillez-vous” ».

On ne peut pas lui donner tort. C'est une technique assez récurrente : l'État transfère une compétence, fige des dotations et transferts de recettes sans lien avec la dynamique des dépenses réelles, réduit l'autonomie fiscale des collectivités en supprimant des impôts locaux, puis enjoint les collectivités à faire preuve de bonne gestion budgétaire. La culture administrative et politique française au niveau national continue de reposer sur une forme de défiance à l'égard des collectivités et des élus locaux. Même la fonction publique territoriale est dévalorisée par rapport à la fonction publique d'État.

La situation est encore plus hypocrite quand l'État arrête de faire, se retire, réduit le service, et fait contribuer les collectivités pour compenser ses propres carences. C'est ainsi que les collectivités se retrouvent aujourd'hui à financer les maisons France services, instaurées pour pallier le retrait des services de l'État, ou à diriger des polices municipales dont les prérogatives ne cessent de s'étendre pour répondre aux enjeux d'ordre public (pour un coût de l'ordre de 2,2 milliards d'euros par an de fonctionnement et 260 millions d'euros d'investissement par an d'après l'Observatoire des finances et de la gestion publique locales).

Les différentes tentatives de simplification dans la répartition des compétences se sont souvent traduites par une complexification supplémentaire et de simples transvasements d'un échelon à l'autre. « Quand les hommes ne peuvent changer les choses, ils changent les mots », nous avertissait Jean Jaurès. Les conférences territoriales de l'action publique (CTAP) instaurées en 2015 n'ont quant à elles pas profondément bouleversé la gouvernance locale alors qu'elles cherchaient à renforcer la coopération des différents échelons, sur le modèle breton, qui prend appui sur une culture territoriale du partenariat de longue date.

Et si, comme le proposait l'un des participants à mon enquête, nous revoyions le fameux millefeuille administratif français, « en commençant non pas par le bas, mais par le haut » ? Et si nous faisions plus de place aux élus locaux dans la gouvernance nationale par d'autres pratiques politiques, sans avoir à resservir l'autre tarte à la crème du rétablissement du cumul des mandats ?

Renforcer plutôt que simplifier

Contrairement aux débats rabougris que nous avons, l'expansion de l'intervention publique au niveau communal, matérialisée par l'apparition du socialisme municipal à la fin du XIXe siècle et son affirmation au XXe siècle, a été le ferment de conquêtes de nouveaux droits et d'expérimentations.

Aujourd'hui encore, les municipalités inventent un modèle : aide aux devoirs, distributeurs de billets, reprise de commerces, maisons d'accueil des femmes victimes de violences, sécurité sociale de l'alimentation… À Trappes par exemple, on retrouve un service public du soutien scolaire municipal, des séjours à 10 euros, un centre de santé municipal, une bourse pour des étudiants, un service public municipal de l'apprentissage du français, un cinéma, une librairie et un théâtre municipaux avec une tarification sociale. Les bonnes idées qui résolvent de vrais problèmes proviennent toujours du terrain. La pensée publique, mais aussi intellectuelle, est malheureusement trop souvent déconnectée de l'action publique, et vice versa.

Dans notre étude sur les femmes en milieu rural face aux services publics, déjà évoquée, nous avions constaté que certains services publics s'en sortent mieux que d'autres et offrent des niveaux de satisfaction plus élevés : ce sont les services publics locaux ou maintenus en proximité, tandis que les femmes qui avaient participé à notre démarche regrettaient la mise à distance et l'éloignement des services publics de l'État.

Le jardin à la française est certes plus facile à arpenter, on s'y retrouve mieux, mais il manque parfois de vie et de créativité. Nous voudrions un quadrillage parfait du territoire, avec des formes géographiques découpées en parts quasi-égales, mais les spécificités locales nous rattrapent. Sur le papier, ça marche, mais sur le terrain il y a l'histoire, la géographie, les enjeux de pouvoir, les ressources, l'économie, les projets, la culture locale et les traditions…

Le « big bang » territorial, le « choc » ou le « nouvel Acte » de décentralisation entretiennent plus souvent un modèle qui passe beaucoup de temps à se chercher plus qu'à se trouver, à contourner les problématiques de coopération concrète du quotidien à la faveur de discussions théoriques de moyen terme sur les structures. Les débats autour de la répartition des compétences cherchent au fond davantage à répartir, et parfois à diluer, le pouvoir entre quelques élus, plutôt qu'à rechercher des formes de travail en commun utiles à l'intérêt général.

Est-il préférable d'essayer de faire mieux avec l'existant, ou de reconfigurer en profondeur la carte territoriale ?

Nous ne devons pas mésestimer les bénéfices du jardin à l'anglaise qui oblige à s'entendre, partager les pouvoirs et responsabilités, agir à la bonne échelle, faire des compromis… tandis que la centralisation, qu'elle soit parisienne ou plus locale, démontre régulièrement ses limites.

Il est aussi symptomatique de constater quotidiennement la grande bienveillance de notre État à l'égard d'opérateurs privés qui s'exonèrent de l'intérêt général, quand dans le même temps les collectivités et leurs représentants élus au suffrage universel font l'objet d'un surcontrôle sur le moindre de leurs actes.

Notre angoisse de l'archipellisation française est peut-être le nœud du problème, car c'est en ne prenant pas en compte les spécificités que nous créons des frustrations, des colères, des non-reconnaissances, du sentiment d'injustice. Nous vivons encore trop sur l'utopie de la Cité idéale.

L'échelle territoriale se présente incontestablement comme la bonne échelle pour réaliser la transformation écologique et sociale, en mettant en musique l'ensemble des acteurs publics et privés locaux (associations, entreprises, professions libérales, citoyens, jeunes)… en jouant sur les attaches territoriales, l'engagement de proximité sur des choses concrètes, les actions pratiques, l'expérimentation d'autres manières de vivre et de cohabiter par petits pas accessibles, la confiance des relations du quotidien, l'adaptation aux réalités locales, le temps de la pédagogie, les pratiques démocratiques.

Au SMICVAL (Syndicat intercommunal de collecte et de valorisation des déchets du Libournais Haute-Gironde), les déchets sont ainsi réduits à la source, en prenant appui sur les sciences sociales, pour accompagner progressivement la réorientation des habitudes du quotidien, en agissant sur les causes et pas uniquement sur les conséquences, mais aussi sur des pratiques de co-construction avec les habitants et les habitantes du territoire, en favorisant les comportements « positifs », soit par des aides ciblées pour s'équiper (par exemple : broyeur, matériel de tri et compostage, couches lavables, protections périodiques réutilisables…), soit par des interventions dans les établissements scolaires du territoire.

Aux côtés d'un renforcement des acteurs locaux et de leurs capacités à agir, nous avons pourtant besoin de retrouver toute la puissance de la planification stratégique et du pouvoir normatif de l'État, notamment pour relever les défis en matière de transport, de logement, d'économie ou de gestion durable des sols.

« L'histoire enseigne aux hommes la difficulté des grandes tâches et la lenteur des accomplissements, mais elle justifie l'invincible espoir[1]. » Je voudrais mettre cette ode au courage en regard de l'« éloge du bricolage » auquel nous invite la philosophe Fanny Lederlin dans un essai rafraîchissant, au cours duquel elle nous suggère de sortir de la logique de l'ingénieur,

1. Jean Jaurès, *Discours à la jeunesse*, 1903

qui recherche un optimum, pour adopter une logique de bricolage, qui parte des moyens plutôt que des fins[1].

Et si, de la logique de compétences, nous passions à la logique de service final ? La question n'étant plus de savoir si la compétence est bien rationalisée, mais si le service est bien rendu.

Et s'il fallait « imaginer Sisyphe heureux » ?

1. Fanny Lederlin, *Éloge du bricolage. Souci des choses, soin des vivants et liberté d'agir*, Paris, PUF, 2023.

Le mythe de la suppression

« Il y a trop de fonctionnaires »

Le nombre de fonctionnaires est probablement l'un des débats les plus usés que notre pays connaisse. L'historien Émilien Ruiz, spécialiste de la question, a même produit un riche ouvrage entièrement dédié à cette question[1].

Chaque campagne présidentielle se transforme en véritable compétition au centre et à droite de l'échiquier politique : c'est à celui ou à celle qui supprimera le plus de fonctionnaires. Vaste programme !

Et si on faisait réellement les comptes ?

La fonction publique regroupe 5,7 millions d'agents publics dans les trois versants de la fonction publique (chiffres officiels de la DGAFP au 31 décembre 2022). Certains considèrent que cela est beaucoup trop, mais l'emploi public ne représente que près d'un emploi sur cinq en France (hors Mayotte)[2].

Il nous faut d'emblée clarifier les termes du débat, la terminologie « fonctionnaires » étant généralement

---

1. Émilien Ruiz, *Trop de fonctionnaires ? Histoire d'une obsession française (XIXe-XXIe siècle)*, Paris, Fayard, 2021.
2. « Rapport annuel sur l'état de la fonction publique. Édition 2024 », DGAFP, 2024.

limitée aux agents publics sous statut, qui sont au nombre de 3 751 500 fonctionnaires. La fonction publique compte également 1 258 500 contractuels, 314 200 militaires et 372 800 agents relevant des « autres catégories et statuts ».

La fonction publique présente une image très féminisée, composée à 63 % de femmes.

Les variations d'effectifs sont la résultante de nombreux éléments : hausse de la population, nouveaux besoins à couvrir, avancée des technologies, programmes d'aménagement du territoire et de réduction des inégalités, démocratisation de l'accès à certains services, complexification de nos sociétés, nouveaux impératifs de redevabilité, de transparence ou encore de lutte contre les conflits d'intérêts. Quand il faut prendre soin de plus de personnes âgées qui vivent plus longtemps, quand il faut garder plus d'enfants en structures collectives (pour permettre aux femmes de travailler notamment), quand il faut former plus d'étudiants à l'université, quand il faut réduire le nombre d'effectifs par classe, quand il faut entretenir plus d'équipements publics culturels et sportifs… doit-on véritablement s'inquiéter ? Doit-on réellement y percevoir le syndrome de « la France qui tombe[1] » ?

Le professeur des universités Arnaud Brennetot a d'ailleurs eu l'idée de croiser quelques données qui illustrent bien le caractère stérile des polémiques récurrentes en la matière.

1. Nicolas Baverez, *La France qui tombe*, Paris, Perrin, 2023.

Évolution du nombre d'emplois publics par rapport à l'emploi total entre 2010 et 2021

	Effectifs en millions		Évolution en %
	2010	**2021**	
Population totale	64,6	67,7	4,8
Emplois	25,69	29,7	15,6
Emplois publics	5,37	5,67	5,6
Autres emplois	20,32	24,03	18,3
Retraités	15,08	17	12,7

Données : INSEE. Traitement : Arnaud Brennetot, 2024[1].

Sous l'influence des théories néolibérales, le monde anglo-saxon a sonné le glas de l'expansion du domaine d'intervention des États à partir des années 1980. Nous avons dès lors progressivement assisté à une relative stagnation des effectifs dans la fonction publique d'État, sous l'effet de la décentralisation, mais aussi d'une évolution du périmètre des opérateurs d'État, avec par exemple le changement de statuts pour France Télécom et la Poste, et enfin sous l'effet de l'impulsion politique, à l'image de la politique de « non-remplacement d'un fonctionnaire sur deux partant à la retraite » de Nicolas Sarkozy qui a supprimé plusieurs dizaines de milliers de postes, l'Éducation nationale, la police et la gendarmerie n'ayant pas été épargnées.

1. Sources : Pour l'emploi total, URL : <https://www.insee.fr/fr/statistiques/2424696#tableau-figure1>.
Pour l'emploi dans la fonction publique, URL : <https://www.insee.fr/fr/statistiques/1281438>.
Pascal Godefroy, Sarah Touzé, « Évolution des effectifs de la fonction publique en 2021 », DGAFP, *Stats Rapides* n° 109, 2024.
Pour le nombre de retraités, URL : <https://www.insee.fr/fr/statistiques/2415121#tableau-figure1)>.

Un regard attentif et objectif nous conduit à un implacable constat : les effectifs d'agents publics sont davantage marqués par la stabilité, voire la régression, que par la dilatation.

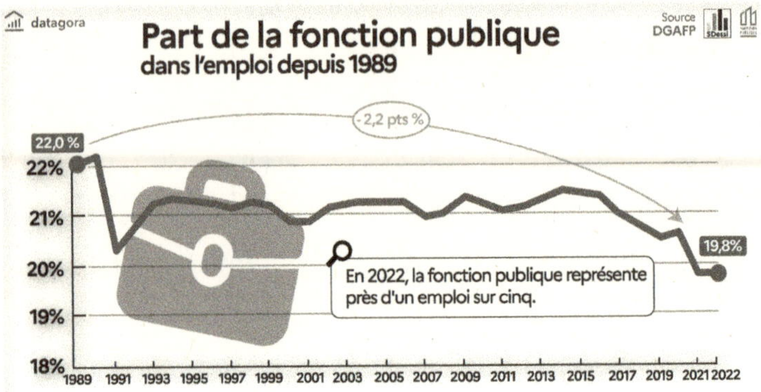

La qualité de nos débats ne s'en porterait que mieux si nous arrêtions de donner du crédit à des usages fallacieux de données, qui se présentent sous l'apparence de la scientificité, mais qui ne visent en réalité qu'à servir un dessein idéologique, qui ne dit pas toujours son nom, comme le pratique notamment l'IFRAP (Fondation pour la recherche sur les administrations et les politiques publiques). Sur son site Internet le 16 mars 2017, l'IFRAP publiait ainsi une contribution, intitulée « Réduction du nombre de fonctionnaires : cinq questions pour faire le point », en commençant de cette manière : « En valeur absolue, la France compte le plus grand nombre de fonctionnaires en Europe. » L'IFRAP se garde bien pourtant de préciser par exemple que la France est le deuxième pays le plus peuplé de l'Union européenne, ou encore que la France est le premier pays de l'Union européenne en termes de superficie et qu'elle a fait le choix d'un maillage dense de services publics sur l'ensemble du territoire.

Le chercheur Emilien Ruiz nous met d'ailleurs en garde contre les comparaisons hasardeuses dans le temps et entre les pays, car les périmètres, les dénominations et les méthodes de calcul divergent d'une époque et d'un pays à l'autre, certains limitant par exemple le statut de fonctionnaire aux seuls métiers régaliens[1]. C'est pourquoi il nous invite d'ailleurs à étudier plutôt les « perceptions » sur le nombre d'agents publics.

En quoi serait-ce d'ailleurs une mauvaise affaire d'avoir plus de fonctionnaires que d'autres pays ? Pourquoi ne serait-il pas plus désirable d'avoir des personnes qui travaillent au service de l'intérêt général dans une optique de durabilité, avec des droits et des devoirs favorables à la démocratie garantis par un statut associé à la puissance publique ?

Pour les détracteurs, le problème n'est pas tant le nombre d'agents publics que leur existence même. Le nombre d'agents publics ne dit rien de l'emprise de l'État sur la société qu'ils prétendent ainsi dénoncer, car des missions de service public toujours plus nombreuses sont déléguées au secteur privé, lucratif ou non, sur financements publics.

De nombreuses structures qui remplissent des missions de service public ont par ailleurs des personnels salariés de droit privé, en particulier dans le giron de la Sécurité sociale (CAF, MSA, CPAM, URSSAF…) Le modèle du médecin salarié tend également à se développer, sous l'impulsion notamment des collectivités locales, et à l'inverse, des praticiens hospitaliers cumulent parfois avec des activités libérales.

1. Émilien Ruiz, *Pour une approche comparée du « nombre de fonctionnaires »: propositions à partir du cas des États-Unis, de la France et du Royaume-Uni*, Paris, EHESS, Histoire et mesure, XXXV-2, 2020.

Les comparaisons internationales agrégées offrent alors une tout autre approche du sujet, démontrant que « la France apparaît plus socialisée qu'administrée », à l'image du graphique qui suit.

Emplois dans les services dits administrés (publics et privés) pour 1 000 habitants depuis 20 ans (1995-2015)

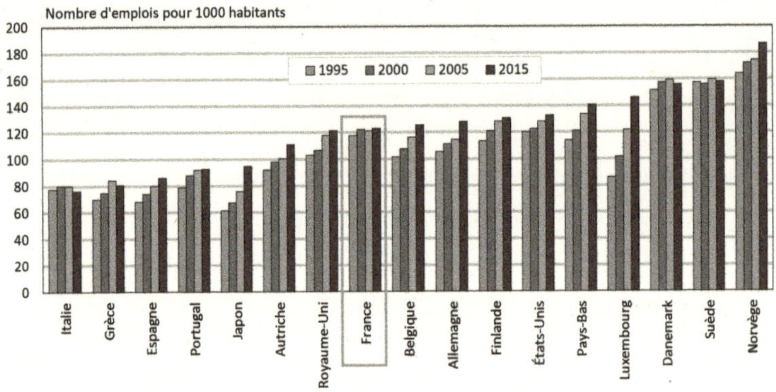

Source : OCDE (base STAN), calculs France Stratégie

Référence: Flore Deschard et Marie-Françoise Le Guilly, « Tableau de bord de l'emploi public - Situation de la France et comparaisons internationales », France stratégie, 2017.

L'exemple du secteur éducatif tend à démontrer un sous-encadrement. Alors que la France dispose d'un enseignant pour 18,4 élèves en école élémentaire, un enseignant s'occupe de 11 élèves en Italie, 12,1 en Belgique, 13 en Suède, 14,1 aux États-Unis, 14,8 en Allemagne, la moyenne de l'OCDE se fixant à 14,6 (chiffres 2020-2021). Ces chiffres doivent bien évidemment être distingués du nombre moyen d'élèves par classe[1].

La focalisation du débat sur le nombre de fonctionnaires est en réalité une entreprise de destruction de notre modèle social et de contestation de l'État. Elle nous éloigne des seules questions qui devraient nous préoccuper : Quels sont les besoins à couvrir ? Qu'attendons-nous de nos services publics et des agents qui les font vivre ? Comment garantir au mieux la maîtrise publique, la déontologie, la continuité des missions, la stabilité sociale, ou encore la préparation de l'avenir ?

« Les fonctionnaires sont des privilégiés »

Les stéréotypes sur les fonctionnaires ont la vie dure, à l'image du sketch *Les employés municipaux* des Chevaliers du Fiel. Les représentations caricaturales dont ils ont longtemps fait l'objet continuent de hanter notre débat public, au point de susciter une véritable « haine des fonctionnaires[2] ». Une réalité alternative s'installe. Notre pays aime, ou croit aimer, ses services publics, mais semble détester ses agents publics.

Des préjugés démentis par les faits

Dans une enquête ethnographique portant sur des agents de la propreté urbaine à Paris et en région parisienne, le docteur en sociologie Hugo Bret a pu étudier le mépris de classe dont sont la cible ces « ouvriers » de la propreté

1. « L'Éducation nationale en chiffres », ministère de l'Éducation nationale, DEPP, 2024.

2. Julie Gervais, Claire Lemercier, Willy Pelletier, *La haine des fonctionnaires*, Paris, Amsterdam, 2024.

urbaine, comme ils les nomment, à tel point que certains en viennent à chercher à fuir le contact et à craindre d'être reconnus dans la rue[1].

Si les fonctionnaires ont pendant longtemps bénéficié d'un statut social et d'avantages associés (dont le logement de fonction), ce n'est plus le cas aujourd'hui. De nombreux métiers ont perdu en prestige et en désirabilité. « En 2018, les enseignants français n'étaient que 7 % à trouver qu'ils bénéficiaient d'une reconnaissance sociale, alors que ce pourcentage était de 26 % pour la zone OCDE[2]. »

Le statut juridique est lui-même affaibli. La perte d'attractivité des métiers publics est la conséquence logique de décisions et de discours. Il devient de plus en plus difficile de pourvoir les postes, à l'image de ceux ouverts au recrutement extérieur dans la fonction publique d'État, où depuis le milieu des années 1990, « le nombre moyen de candidats pour un poste offert (est) passé de seize en 1997 à six aujourd'hui[3] ».

Les fonctionnaires ont aussi perdu en pouvoir d'achat, avec le gel du point d'indice et l'inflation. Les primes et indemnités représentent en moyenne un quart du salaire brut des fonctionnaires, et peuvent même représenter jusqu'à un tiers de la rémunération. Elles ne sont pour la plupart pas prises en compte pour la retraite. Les revalorisations effectuées ces dernières années se sont souvent cantonnées à augmenter ces

1. Hugo Bret, « Produire et éprouver le mépris de classe. Les ouvriers de la propreté urbaine », in Nicolas Renahy et Pierre-Emmanuel Sorignet (dir.), *Mépris de classe. L'exercer, le ressentir, y faire face*, Vulaines-sur-Seine, Éditions du Croquant, 2021, p. 239.
2. « Études économiques de L'OCDE », 2024, étude citée, p. 111.
3. « Rapport annuel sur l'état de la fonction publique. Politiques et pratiques de ressources humaines. Faits et chiffres. édition 2022 », DGAFP, 2022.

primes de manière sectorielle, pour mieux maîtriser les finances publiques. Le « Pacte enseignant » a réalisé la promesse sarkozyste du « travailler plus pour gagner plus », la revalorisation étant liée à des tâches supplémentaires, conçues le plus souvent pour compenser la pénurie générée par l'incurie du politique, au risque de sacrifier la qualité de l'accompagnement.

Pourtant, la fonction publique a été historiquement à l'avant-garde de nombreux acquis sociaux. Avant 1936 et l'adoption des congés payés par le Front populaire, des périodes de repos rémunérées bénéficiaient déjà à des fonctionnaires, avant d'être généralisées à l'ensemble des salariés. Qui s'en plaint aujourd'hui ?

Wilfried, cheminot depuis plus de vingt-cinq ans, qui est derrière le compte BB27000 (du nom d'une locomotive électrique de la SNCF) sur le réseau social X le déplore : « Maintenant qu'il n'y a plus de statut, il n'y a plus d'avantages, les nouveaux arrivés s'en vont dans des entreprises privées, vu le niveau de contraintes, notamment sur la vie privée et les risques encourus. »

Des préjugés alimentés par le politique

La prétendue fainéantise des agents publics, ces « ronds-de-cuir » chez Courteline, est mise en scène à l'aide des deux marottes politiques et médiatiques que sont d'une part le temps de travail et d'autre part les absences réelles ou fantasmées des agents publics. En octobre 2024, c'est le tout nouveau et éphémère ministre chargé de la fonction publique, Guillaume Kasbarian, qui a relancé la polémique sur « l'absentéisme » des fonctionnaires. Cette charge brutale et stigmatisante prenait appui sur des données extraites de la période 2020-2022, en pleine période de pandémie, qui a plus fortement affecté les agents publics, plus exposés au virus du fait du contact avec les usagers et surmobilisés pour faire face à la crise.

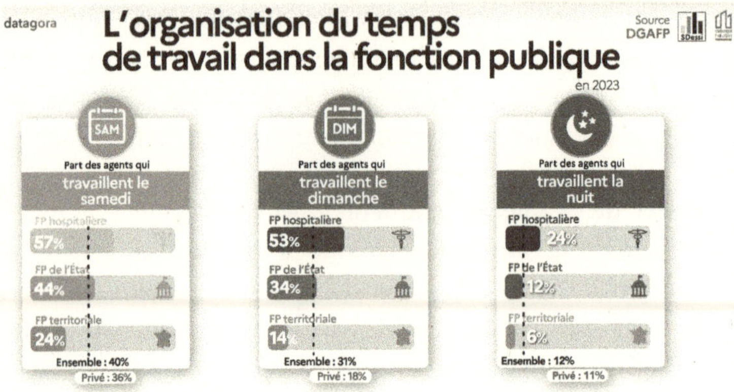

Cet assaut a pris la forme d'une véritable « trumpisation » de la vie politique française, certains élus et médias n'hésitant pas à relayer des chiffres totalement gonflés et déconnectés de la réalité. Il reste toujours quelque chose de la calomnie, a fortiori quand elle s'appuie sur des biais de confirmation. Le sujet n'est pas ici la véracité, mais l'imposition d'un récit, l'ancrage d'images et de préjugés.

Quelques jours après le ministre de la fonction publique, c'était l'ancien président de la République, Nicolas Sarkozy, qui de son côté moquait le temps de travail extrêmement favorable à son goût des enseignants. Un préjugé maintes fois démenti par les chiffres.

Temps de travail moyen hebdomadaire des enseignants du premier degré public à temps complet, par fonction (France métropolitaine et DOM)

	TOTAL	Directeur d'école	Enseignant en élémentaire	Enseignant en maternelle
Heures passées avec les élèves	25h34	23h25	26h02	26h09
(dont heures d'enseignement)	*24h38*	*22h13*	*25h05*	*25h26*
Activités pédagogiques (préparation des cours, correction, documention, formation et recherches personnelles)	12h57	11h05	12h52	9h33
Activités avec la communauté éducative (travail avec d'autres enseignants, rencontres et réunions avec les parents)	2h26	3h09	2h16	1h59
Heures de décharge	0h44	3h33	0h00	0h00
Autres tâches professionnelles	2h26	4h15	2h16	0h56
TOTAL HEURES TRAVAILLEES	**44h07**	**45h26**	**43h27**	**38h38**
(dont heures à domicile)	*9h30*	*7h06*	*9h12*	*7h29*

Source : « Temps de travail des enseignants du premier degré public en 2010 », DEPP, note d'information 13-12, 2013. URL : <http://cache.media.education.gouv.fr/file/2013/46/0/DEPP_NI_2013_12_temps_travail_enseignants_premier_degre_public_2010_260460.pdf>.

Répartition du temps de travail total des enseignants du second degré public à temps complet (France métropolitaine et DOM)

	Total	%
Heures passées avec les élèves	20h07	48,70%
Activités pédagogiques (préparation des cours, correction, documention, formation et recherches personnelles)	15h47	38,20%
Activités avec la communauté éducative (travail avec d'autres enseignants, rencontres et réunions avec les parents)	2h43	6,60%
Autres tâches	2h40	6,50%
TOTAL	**41h17**	**100%**

Source: « Temps de travail des enseignants du second degré public: pour une heure de cours, une heure de travail en dehors», DEPP, note d'information 13-13, 2013. URL: <http://cache.media.education.gouv.fr/file/2013/46/4/DEPP_NI_2013_13_temps_travail_enseignants_second_degre_public_2010_260464.pdf> (camembert p. 2).

Ces données chiffrées donnent malgré tout difficilement à voir la complexification et l'intensification du travail enseignant du fait de la dématérialisation, de la bureaucratisation de leur métier, du temps nécessaire pour assurer la relation aux familles, répondre à tous les besoins particuliers des élèves, organiser des projets, des sorties et des voyages… sans parler des tensions voire des agressions dont les professeurs sont de plus en plus la cible[1].

Comment s'étonner ensuite de « la perte d'autorité » des agents publics quand plus personne ne les respecte, à commencer par les faiseurs de débat public ?

Et que valent ces faux débats quand des entreprises, qui ont bien compris leurs intérêts, expérimentent la semaine de 4 jours en 32 heures, la liberté de déposer un nombre non limité de congés, d'organiser ses horaires, de choisir librement son lieu de travail, de réaliser des projets personnels ou d'intérêt général sur son temps de travail ?

Des préjugés au service d'une idéologie

Derrière la critique du nombre de fonctionnaires se cache de manière plus insidieuse une critique du statut, qui vient perturber certains logiciels économiques et politiques. Celui-ci avait fait l'objet d'un large consensus politique et syndical au sortir de la guerre en 1946, puis à nouveau au début des années 1980 (lois de 1983, 1984 et 1986), comme me l'a rappelé l'ancien ministre de la Fonction publique Anicet Le Pors. Le statut a d'ailleurs fait l'objet de plusieurs dizaines de réformes, preuve s'il en est de sa très grande plasticité.

1. Catherine Becchetti-Bizot, « Rapport de la médiatrice de l'Éducation nationale et de l'enseignement supérieur. Année 2023. Faire alliance, redonner confiance », 2024.

Ce mantra critique plus ou moins conscient a contaminé les politiques de gestion des ressources humaines, avec le développement du recours aux agents contractuels pour occuper des postes permanents.

Si les agents contractuels ne représentent en moyenne que 22 % des effectifs de la fonction publique (chiffres 2022), contre 17 % en 2011, ils constituent une part croissante des entrants. Dans certains services publics, ils peuvent parfois représenter la majorité des agents.

Ensemble de la fonction publique

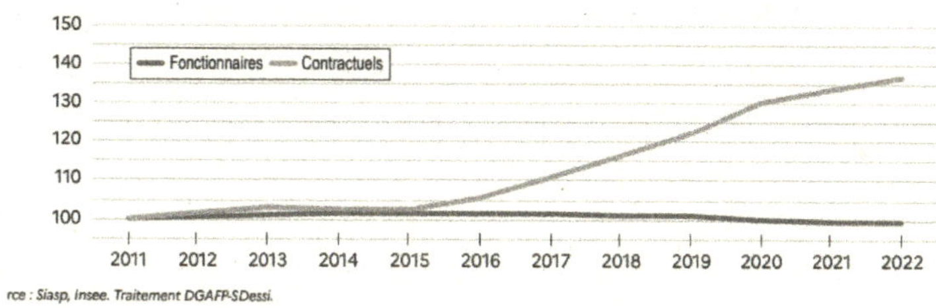

Évolution des effectifs physiques de fonctionnaires et de contractuels au 31 décembre. Base 100 en 2011. Extrait des « chiffres clés » du « Rapport annuel sur l'état de la fonction publique 2024 », DGAFP, p. 55.

De plus en plus de postes à responsabilité ont été ouverts à des non-titulaires, pendant que certains corps historiques (préfectorale, diplomatie…) ont été la cible des réformes de la haute fonction publique. Comme le dit si bien l'ancien ministre Anicet le Pors : « Supprimer des corps, c'est supprimer la qualification et renforcer le pouvoir discrétionnaire de nomination. Avec cela, quelqu'un comme Benalla pourrait être nommé préfet ! » On sait ce que l'on perd, on ne sait pas ce que l'on gagne…

S'il peut être profitable pour nos services publics de tirer parti d'expériences et d'expertises venues d'autres horizons, ces profils ne bénéficient pas toujours des formations préalables indispensables auxquelles sont astreints les titulaires (droit public, finances publiques, commande publique, droits et devoirs des fonctionnaires, pédagogie et gestion de classe dans l'enseignement...) L'apprentissage sur le tas est-il gage de qualité des services publics ? L'engagement sur le long terme, assimilé au statut, n'est-il donc plus envisageable ou souhaitable, alors même que la peur de perdre son emploi et son statut social gangrène nos sociétés contemporaines ?

Il est assez paradoxal que celles et ceux qui poussent à la suppression du statut soient exactement les mêmes qui vantent le travail, l'effort, le mérite, tout en dévalorisant la culture du concours et de l'examen, consubstantielle à la fonction publique de carrière, idéal méritocratique porté par notre modèle républicain.

Ce détricotage méticuleux et constant des spécificités de l'emploi public prend appui sur des présupposés et malentendus, alors que le statut préserve d'abord les intérêts de l'État, donc des citoyens, tout en permettant d'exercer plusieurs emplois dans le secteur public, qui ne manque pas d'opportunités.

Ce statut particulier dont bénéficient nos agents publics n'est pas complètement une anomalie, et peut même favoriser la qualité des agents publics et donc des services publics, comme le rappelle l'OCDE :

> « Les enseignants français figurent parmi les plus qualifiés de la zone OCDE. [...] Dans le modèle français, l'accès à la profession se fait par voie de concours [...] Les enseignants ne pouvant pas aisément être révoqués en cas de performances insatisfaisantes, les leviers permettant d'agir sur la qualité de leur travail sont un fort niveau d'exigence au niveau de l'accès

à la profession ainsi que la qualité de la formation initiale et continue des enseignants[1]. »

La fragilisation des spécificités publiques ne vise en réalité qu'un objectif: la délégation de gestion au secteur privé lucratif, avec lequel de nombreux critiques du statut entretiennent des collusions d'intérêt.

Ce faisant, il n'y aura pas d'économies ni à court ni à moyen terme, car il n'existe pas de relation mécanique entre le nombre de fonctionnaires et les dépenses publiques. J'ajoute d'ailleurs que le statut est un système budgétairement rationnel. Le recrutement de contractuels coûte souvent bien plus cher aux finances publiques, en termes de rémunération, mais aussi de charge administrative en recrutement, formation et renouvellement. Plus de turn-over, c'est plus de bureaucratie, moins de continuité de l'État, moins de qualité des services publics. Quand un contractuel peut partir en quelques jours pour prendre un autre poste ailleurs, faire un tour du monde, développer un projet personnel ou simplement « parce qu'il en a marre », mesure-t-on l'impact organisationnel, managérial, budgétaire que ces comportements induisent ?

Aucun responsable politique ne vous le dira, mais si les tendances actuelles se confirment, il n'est pas impossible que nous aboutissions *de facto* à un système dual, un peu comme cela a été le cas pour les opérateurs de l'État (EDF, SNCF, France Télécom), avec des anciens sous statut et des nouveaux en contrat (de droit public à ce stade). Nous avons donc besoin d'anticipation et de vision pluri-annuelle. Nous pourrions ainsi limiter le statut de contractuels à certains métiers spécifiques (numérique, communication, technicité particulière), ou encore permettre davantage d'intégrer la fonction

1. « Études économiques de L'OCDE », 2024, étude citée, p. 109.

publique en cours de carrière, plutôt qu'en entrée. Il nous faut surtout restaurer la désirabilité des métiers publics, et cela passe d'abord par la parole.

« Les dépenses publiques sont trop élevées »

C'est l'histoire d'une course à l'échalote maintes fois rejouée, comme lors de la campagne présidentielle de 2017, où François Fillon promettait la suppression de 500 000 emplois publics, quand Emmanuel Macron n'en promettait que 120 000. Un grand plan social de l'État, des collectivités et des hôpitaux en somme. Trois ans avant le Covid, nous avions affaire, sans nul doute, à de véritables visionnaires... Ont-ils été disqualifiés pour autant ? Leur sérieux a-t-il été remis en question ? Aucun candidat en campagne ne vous explique en revanche que ces promesses d'économies sur les budgets publics se traduiront par des reports de dépenses sur les particuliers, les collectivités locales, les associations et les entreprises, ou par une dégradation des indicateurs de bien-être.

Parmi les outrances de nos débats, les querelles sur le niveau des dépenses publiques occupent sans conteste la première place du podium. Médaille d'or. Des politiques, eux-mêmes responsables de notre situation budgétaire, ne se gênent pas pour venir donner des leçons et dénoncer une véritable « *addiction* » à la dépense publique[1], quand ce n'est pas la « pompe à fric » (Bruno Le Maire) ou le « pognon de dingue » (Emmanuel Macron). La nuance n'est pas de rigueur : on ouvre grand les vannes en cas de crise en créant des effets d'aubaine, on referme tout aussi brutalement dès qu'on pense être sortis d'affaire.

---

1. Déclaration de Bruno Le Maire, ministre de l'Économie, des Finances et de la Souveraineté industrielle et numérique, sur les finances publiques et l'économie française, à Paris le 6 mars 2024.

Le niveau des dépenses publiques s'apprécie, par convention, par rapport à la richesse du pays, mesurée par un indicateur, le PIB (produit intérieur brut) par habitant, malgré toutes les limites de cet indicateur, qui invisibilise les coûts sanitaires, économiques, écologiques, sociaux ou politiques induits par le modèle actuel de croissance non durable. Si le PIB du pays diminue ou stagne, et que dans le même temps les besoins augmentent et que les dépenses croissent, ou stagnent, la part des dépenses publiques sur le PIB croît mécaniquement. Précisons néanmoins que les dépenses publiques participent directement et indirectement au PIB par la création d'activités et de richesses.

Dépenses des administrations publiques par fonction, en pourcentage du PIB, 2019

	Services généraux des administrations publiques	Défense	Ordre et sécurité publics	Affaires économiques	Protection de l'environnement	Logements et services destinés aux communautés	Santé	Loisirs, culture et culte	Éducation	Protection sociale
Allemagne	5.7	1.1	1.6	3.3	0.6	0.4	7.4	1.0	4.3	19.7
Australie	4.0	2.3	2.0	4.9	0.9	0.6	7.3	0.9	5.8	9.8
Autriche	5.7	0.6	1.3	5.8	0.4	0.3	8.3	1.2	4.8	20.1
Belgique	6.9	0.8	1.7	6.7	1.3	0.3	7.6	1.3	6.2	19.4
Chili	3.0	1.1	2.0	2.3	0.2	0.9	4.4	0.3	5.5	5.9
Colombie	4.9	1.2	2.1	3.1	0.5	0.5	5.1	0.7	4.2	8.7
Corée	4.0	2.4	1.2	4.4	0.8	1.0	4.7	1.0	4.8	6.9
Danemark	6.0	1.1	1.0	3.1	0.4	0.2	8.2	1.6	6.3	21.4
Espagne	5.5	0.8	1.8	4.0	0.9	0.4	6.1	1.1	4.0	17.4
Estonie	3.5	2.1	1.8	3.9	0.7	0.4	5.3	2.0	6.0	13.2
États-Unis	5.8	3.4	1.9	3.4	0.0	0.5	9.3	0.3	5.9	7.6
Finlande	7.9	1.2	1.2	4.2	0.2	0.3	7.1	1.5	5.6	24.0
France	5.5	1.7	1.6	6.0	1.0	1.1	8.0	1.4	5.3	23.9
Grèce	7.9	2.0	2.1	4.0	1.4	0.2	5.3	0.8	4.0	19.8
Hongrie	8.2	1.0	2.1	8.0	0.5	0.8	4.5	3.0	4.7	12.7
Irlande	2.7	0.2	0.9	2.3	0.4	0.7	4.7	0.5	3.1	8.9
Islande	7.2	0.1	1.5	4.9	0.6	0.5	7.8	3.0	7.0	10.9
Israël	4.2	5.3	1.6	2.9	0.5	0.2	5.4	1.5	7.0	11.1
Italie	7.5	1.3	1.8	4.0	0.9	0.5	6.8	0.8	3.9	21.1
Japon	3.8	0.9	1.2	3.7	1.1	0.7	7.7	0.4	3.3	16.1
Lettonie	3.8	1.9	2.2	5.3	0.6	1.0	4.2	1.5	5.8	12.1
Lituanie	3.5	1.6	1.4	3.0	0.4	0.5	6.2	1.2	4.6	12.3
Luxembourg	5.0	0.4	1.2	5.2	0.9	0.6	5.0	1.3	4.7	18.0
Norvège	4.8	1.9	1.2	6.0	0.9	0.8	8.7	1.8	5.6	19.7
Pays-Bas	4.1	1.3	1.8	3.8	1.4	0.4	7.7	1.2	5.0	15.4
Pologne	4.2	1.6	2.1	4.8	0.5	0.5	4.9	1.3	5.0	16.7
Portugal	6.7	0.8	1.7	3.6	0.6	0.5	6.6	0.9	4.4	16.9
République slovaque	5.4	1.1	2.3	5.1	0.8	0.5	7.7	1.2	4.2	14.4
République tchèque	4.4	0.9	1.9	6.1	0.8	0.7	7.6	1.4	4.9	12.6
Royaume-Uni	4.3	2.0	1.8	3.5	0.6	0.3	7.7	0.6	4.9	14.8
Slovénie	5.2	1.0	1.6	4.5	0.6	0.4	6.7	1.4	5.5	16.5
Suède	6.9	1.2	1.3	4.4	0.5	0.7	7.0	1.3	6.9	19.0
Suisse	4.2	0.8	1.6	3.9	0.6	0.2	2.1	1.0	5.4	12.9
OCDE	5.4	2.2	1.7	3.9	0.5	0.6	7.9	0.7	5.1	13.3
OCDE-UE	5.8	1.2	1.7	4.4	0.8	0.6	7.0	1.2	4.7	19.3
Costa Rica	3.7	0.0	2.5	3.2	0.4	0.8	5.9	0.2	7.7	8.3
Roumanie	4.2	1.7	2.2	4.7	0.7	1.1	5.0	1.0	3.6	11.9

Sources : Statistiques de l'OCDE sur les comptes nationaux (base de données) ; Statistiques d'Eurostat relatives aux finances publiques (base de données).

StatLink https://doi.org/10.1787/888934262828

Extrait de « Panorama des administrations publiques 2021 », OCDE, 2021, p. 97.

Là aussi, les comparaisons internationales ne sont pas toujours pertinentes car, comme pour le calcul du nombre de fonctionnaires, l'étalon de mesure du périmètre des dépenses publiques n'est pas identique d'un pays à l'autre. Le périmètre des dépenses intégrées ou non peut considérablement changer la donne (en particulier s'agissant des dépenses de santé et de retraite pour les systèmes davantage privatisés).

Mais un haut niveau de dépenses publiques est-il condamnable a priori ?

La stabilité sociale comme la force des instruments à la disposition de l'État, son système de services publics, constituent des avantages comparatifs dans la grande concurrence mondiale que se livrent les pays. N'est-il pas intéressant pour l'économie et les entreprises de disposer d'une population en bonne santé, d'un environnement préservé de pollutions, de salariés formés, de systèmes de prise en charge des aléas de la vie (maladie, chômage), d'infrastructures collectives robustes ?

De l'utilité de la dépense publique

Au-delà du niveau global de dépenses, il faut s'intéresser à la qualité et à la destination de la dépense : quels sont ses usages ? quels services et quels acteurs financent-elles ? Et c'est en cela que la France s'est longtemps distinguée, en socialisant les dépenses d'éducation, de santé, de sécurité sociale…

Une étude de l'INSEE (2021) nous apprend ainsi qu'avant toute redistribution, les 10 % les plus modestes ont un niveau de vie (revenu primaire) 13 fois inférieur à celui des 10 % les plus aisés. Après redistribution incluant les prélèvements (impôts…) et prestations sociales (retraites, assurance chômage…), cet écart passe de 13 à 7. En prenant en compte les transferts sociaux et les services publics, il n'est plus que de 3, les transferts en nature étant les plus efficaces pour réduire l'écart (santé, éducation, logement), en contribuant pour 50 % à la réduction des inégalités.

Contrairement à des idées reçues, la dépense publique peut donc être à la fois performante et redistributive. Délégitimer le bien-fondé de la dépense publique en soi, c'est amputer le pouvoir de l'État ainsi que sa légitimité à intervenir sur les structures sociales et à transformer l'ordre établi. C'est probablement parce que cette intervention vient perturber des intérêts qu'elle fait l'objet d'une disqualification, car ce n'est pas toute la dépense publique qui est en réalité dans le viseur de ses plus fervents détracteurs.

L'impasse dans laquelle nous nous trouvons à ce jour n'est pas liée à une dérive des dépenses de fonctionnement des services publics, qui sont restées relativement stables dans le PIB sur les quarante dernières années[1]. En revanche, d'autres dépenses ont pris davantage de place, comme le montre ce recensement réalisé par François Ecalle[2], les dépenses de prestations et transferts ayant augmenté, notamment du fait du vieillissement de la population, les exonérations de cotisations sociales ayant aggravé le déséquilibre budgétaire, au profit de l'économie privée.

1. Benjamin Brice, « Dépenses publiques : où va l'argent ? », *Esprit*, mai 2024.
2. François Ecalle, « À quoi l'argent public a servi en 2022 », *Commentaires d'actualité*, FIPECO, 21 décembre 2023.

À quoi ont servi 1 000 euros de prélèvements obligatoires en 1995 et 2022

	1995	2022
Protection sociale	519	563
Dont : vieillesse	*224*	*247*
Santé et invalidité	*180*	*209*
Famille	*48*	*37*
Chômage	*32*	*29*
Exclusion sociale	*16*	*23*
Aides personnelles au logement	*17*	*14*
Aides à la pierre et équipements collectifs	16	21
Enseignement	105	90
Loisirs, sports et culture	18	25
Protection de l'environnement	11	19
Soutien des activités économiques	107	116
Dont transports	*48*	*35*
Sécurité intérieure et justice	27	30
Défense	46	31
Services généraux	76	67
Recherche fondamentale	12	5
Intérêts de la dette publique	64	34
Total des dépenses publiques	**1 000**	**1 000**

Source : Insee, FIPECO.

La dépense publique est une dépense privée évitée. Quand un acteur public intervient, il améliore le « pouvoir d'achat », mais surtout le « pouvoir de vivre ». Il est en réalité totalement absurde de présenter les baisses d'impôts comme des gains de pouvoir d'achat. Dans son livre *En finir avec les idées fausses sur l'école*, la journaliste Louise Tourret rappelle que « le budget (public) annuel moyen par élève au primaire est de 6 920 euros. Au collège, il est de 8 730 euros. Au lycée général, de 11 140 euros. Au lycée professionnel, de 12 680 euros » (chiffres officiels du ministère de l'Éducation nationale)[1]. Qui peut s'offrir ça à titre personnel ? Aujourd'hui, l'État et les collectivités assurent l'essentiel du financement de l'éducation

1. Louise Tourret, *En finir avec les idées fausses sur l'école*, Ivry-sur-Seine, l'Atelier, 2024.

(près de 80 %), quand les entreprises et les ménages interviennent chacun à hauteur d'environ 10 %[1].

Nous avons vu pendant le Covid-19 l'intérêt de l'intervention publique pour jouer le rôle d'amortisseur social, et nous avons pu constater aussi que les politiques d'économies de bouts de chandelles de type suppression des stocks (de masques) sont mortifères sur un plan économique et social, en l'occurrence sanitaire. La dépense publique doit préparer l'avenir et réduire l'impact de l'aléa.

Les budgets publics ont-ils à l'inverse vocation à financer l'économie et les entreprises ? Compte tenu des enjeux sociaux, mais aussi de la compétition internationale, il paraît vain d'envisager de ne plus subventionner du tout l'économie. Les États-Unis et la Chine subventionnent massivement leurs secteurs économiques stratégiques, directement et indirectement (recherche, commande publique). En revanche, les acteurs publics pourraient être plus sélectifs dans les domaines financés, la définition des priorités, et la capacité à faire respecter les engagements contractuels.

Dans son livre *L'État droit dans le mur*, Anne-Laure Delatte affirme carrément que « pour se mettre au service du marché, l'État doit parfois sacrifier sa mission de service public[2] ». Elle estime que les aides publiques à l'économie représentent 324 milliards d'euros soit 13 % du PIB en 2021 répartis quasiment à égalité entre subventions et niches fiscales et elle démontre la tendance au renforcement du soutien

1. « En 2023, 189,9 milliards d'euros consacrés à l'éducation, soit 6,7 % du PIB », ministère de l'Éducation nationale, DEPP, 2024.
2. Anne-Laure Delatte, *L'État droit dans le mur*, Paris, Fayard, 2023, p. 14.

public depuis le début des années 2000, tandis que le soutien aux ménages a eu tendance à stagner[1].

Comme me l'a rappelé à l'inverse l'ancien rédacteur en chef d'*Alternatives économiques* Guillaume Duval, si l'État renonce à ses missions de service public, il dessert en réalité les entreprises et les fondamentaux de leur performance. Ainsi, la dépense intérieure d'éducation (DIE) a diminué depuis les années 1990, quand ce poste de dépense constitue un des leviers principaux de l'égalité républicaine et représente un élément déterminant dans la grande compétition internationale.

Évolution de la DIE (en euros constants, prix 2023) et de sa part dans le PIB (en %)

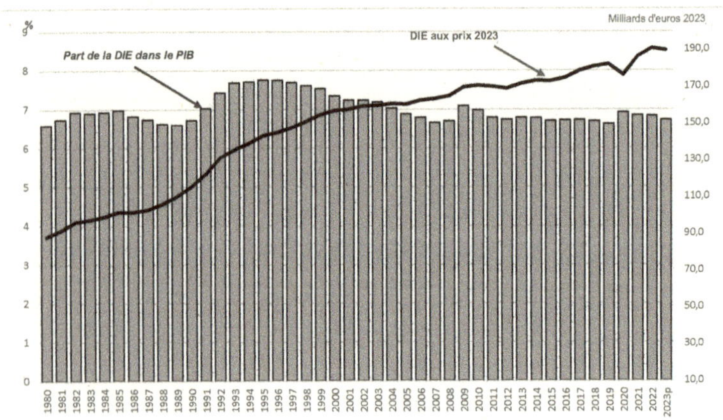

Source : DEPP, Compte de l'éducation, Note d'Information n° 24.45.

1. *Ibid.*, p. 85.

C'est le talon d'Achille des dépenses mutualisées : elles sont la plupart du temps invisibles, diluées dans la masse, imperceptibles pour le regard du citoyen, éloignées de la satisfaction immédiate du consommateur. Nous avons chacune et chacun notre avis, souvent assez peu documenté, sur ce qu'il convient de préserver ou non. Les exemples ne manquent pas, sans que les sommes en jeu soient toujours à la hauteur des économies attendues ou promises.

Il existe néanmoins des dépenses inutiles, voire contre-productives, et démontrées comme telles. C'est par exemple le cas du « check-up fertilité » autour de 20 ans qui avait été annoncé par Emmanuel Macron dans l'un de ses discours[1]. Le médecin gynécologue star du réseau social Instagram « Mon Gyneco » avait ainsi expliqué dans une vidéo pédagogique que la baisse de la fertilité trouve pour partie son origine dans l'âge plus tardif pour avoir des enfants. Le bilan à 20 ans ne dira rien de la fertilité dix ans plus tard. Cela peut même s'avérer contre-bénéfique : un bon bilan peut rassurer, un mauvais bilan peut inquiéter, alors qu'il n'empêchera pas forcément d'avoir des enfants. Le médecin spécialiste préconisait en revanche la mobilisation du bilan remboursable pour les personnes qui ont du mal à avoir des enfants au moment où elles sont engagées dans leur projet de parentalité.

Enfin, et surtout, si elles sont rendues indispensables, les dépenses publiques liées à la gestion de la dégradation des éco-systèmes (déversement de produits chimiques, pollutions industrielles, PFAS, incendies criminels…) sont-elles légitimes ? Ne conviendrait-il pas de faire payer les coûts complets directs et indirects de la restauration aux responsables ? À titre

1. Marie Campistron, « Bilan de fertilité à 20 ans : “Le risque est qu'on fasse paniquer des jeunes pour rien” », *Le Parisien*, 8 mai 2024.

d'illustration, le coût de la décontamination aux PFAS, ces polluants éternels omniprésents, est évalué jusqu'à 100 milliards d'euros pour les pays de l'Union européenne, sans compter les coûts induits pour les systèmes de santé[1]. Il nous faut bien sûr avant toute chose éviter la dépense publique à l'avenir, et cela supposera nécessairement de réhabiliter les autres instruments de la puissance publique (réglementation, sanction, régulation, incitation).

Du bon usage des deniers publics

Pour améliorer l'efficacité de la dépense publique, c'est-à-dire son impact, il va donc nous falloir repenser les formes des politiques publiques pour valoriser les comportements vertueux, et réduire à la source les comportements néfastes. Il ne faut plus se donner comme mission de gérer les affaires, résoudre les problèmes, trouver des solutions. Nous avons besoin de retrouver l'ambition des transformations économiques, culturelles et sociales.

Dis-moi qui tu finances avec l'argent public et je te dirai qui tu es, ainsi pourrait-on résumer la dialectique.

Notre patrimoine écologique va nécessiter beaucoup d'investissements dans les années à venir. À moyen terme, le coût de l'inaction sera exponentiellement plus important que celui de l'investissement. Jean Pisani-Ferry et Selma Mahfouz ont chiffré la hausse des dépenses d'investissement supplémentaires publiques et privées à 66 milliards d'euros nets par an d'ici à 2030, soit plus de deux points de PIB[2].

---

1. Raphaëlle Aubert, Stéphane Horel, « PFAS : le coût vertigineux de la dépollution de l'Europe », *Le Monde*, 14 janvier 2025.
2. Jean Pisani-Ferry, Selma Mahfouz, « Le passage à une économie climatiquement neutre aura une forte incidence sur les finances publiques », France stratégie, 2023.

Pour préserver les investissements de long terme, nous pourrions instaurer de nouvelles règles d'or des finances publiques, en valorisant notamment leur utilité écologique. Nous devons peser de tout notre poids auprès des instances européennes pour préserver nos budgets en la matière des règles de « soutenabilité » budgétaire.

Notre patrimoine devrait de plus en plus devenir numérique. Le plan d'action en faveur de l'intelligence artificielle proposé par la commission éponyme représenterait une dépense d'investissement de l'ordre de 5 milliards d'euros par an sur cinq ans[1]. La course internationale à la technologie pourrait gonfler la facture.

La dépense publique doit préparer l'avenir, réduire l'incertitude, garantir notre souveraineté à long terme, anticiper les risques et les crises. Ses effets multiplicateurs puissants sont l'un des meilleurs leviers de transformation : un euro investi dans l'université, c'est quatre euros de valeur ajoutée[2] pour l'économie.

Le moins-disant budgétaire ne doit plus être la boussole de l'action et de la commande publiques, à toutes les échelles. Cela suppose de revoir les modalités de mise en débat, de pilotage et d'arbitrage en matière de finances publiques, dans une vision long terme, qui dépasse le cadre pluri-annuel qui se limite bien souvent à planifier ou lisser les dépenses sur quelques années, sans mesure des impacts économiques et sociaux des choix budgétaires. On met de l'argent dans la machine, mais on ne sait pas toujours vraiment ce qui en ressort.

---

1. « IA : notre ambition pour la France », commission de l'intelligence artificielle, 2024.
2. René-Luc Bénichou, « Chaque euro investi dans les universités de recherche génère un retour de 4 euros pour le pays (étude Udice) », AEF, 2021.

Nous devons sortir des débats stériles du plus et du moins, au profit d'échanges qualitatifs de fond. Le Conseil d'analyse économique (CAE) prend l'exemple du pilotage des dépenses de santé en France, regrettant que « si l'objectif national des dépenses d'assurance maladie (Ondam) est voté chaque année dans le cadre de la loi de financement de la sécurité sociale, dans l'objectif de contenir les dépenses de santé, aucun mécanisme ne permet de contenir la dépense des soins de ville ». Le CAE regrette que les professionnels libéraux soient « quasi exclusivement rémunérés à l'acte, forme de rémunération pourtant jugée inflationniste », de sorte que « l'objectif de la partie soins de ville est fréquemment dépassé, ce qui a conduit dans le passé à reporter les efforts budgétaires sur l'hôpital et à mettre en échec la logique de l'Ondam[1] ».

À l'inverse, nous devons nous garder des « fausses économies », qui dégradent la qualité à court terme et produisent des contre-bénéfices durables. Par exemple, en matière d'alimentation scolaire, une moindre qualité peut se traduire par une éducation aux goûts défaillante et des problèmes de santé plus tard. Autre exemple contre-productif : ne plus procéder à l'entretien ou l'embellissement de certains lieux peut conduire à une détérioration et à un sentiment de déclassement ou d'insécurité pour celles et ceux qui les fréquentent. C'est ce que l'on appelle la théorie de la « vitre brisée », quand la dégradation accentue la dégradation.

Vu l'état actuel de nos finances publiques, nous ne pourrons plus promettre des listes au père Noël à chaque échéance politique. Il va donc falloir prioriser, trier, et améliorer la performance de la dépense publique. Cela ne suffira pas

1. Adrien Auclert, Thomas Philippon et Xavier Ragot, « Quelle trajectoire pour les finances publiques françaises ? », *Les Notes du Conseil d'analyse économique*, n° 82, 2024.

néanmoins, c'est pourquoi la question de la fiscalité, nationale et locale, doit être posée à nouveaux frais.

« Nous payons trop d'impôts[1] »

Le 18 février 2024, le ministre de l'Économie et des Finances Bruno Le Maire annonce au Journal télévisé de 20 heures, un dimanche soir, un plan d'économies de 10 milliards d'euros. Le premier d'une série.

Après avoir assumé une politique du « quoi qu'il en coûte » sans ciblage des bénéficiaires ni contreparties, agrégée à des baisses massives d'impôts (ce qui a représenté 62 milliards d'euros en 2023 d'après la Cour des comptes[2]), le ministre annonce à la France entière qu'il va falloir faire des efforts et que des coupes seront pratiquées rapidement dans un certain nombre de budgets sectoriels pour atteindre la cible. Quelques jours plus tard, Bruno Le Maire expliquera, ou avouera sa duperie : « Quand on gagne moins, on dépense moin*s* », comme s'il s'agissait d'une découverte. Un inévitable effet de ciseau. Mais « qui aurait pu prédire[3] » ?

---

1. Par facilité de langage, le terme « impôts » suggère également les taxes et cotisations.
2. « La situation et les perspectives des finances publiques », Cour des comptes, 2024.
3. Cette expression fait allusion à celle employée par Emmanuel Macron, président de la République, lors de ses vœux aux Françaises et aux Français pour la nouvelle année 2023, faisant référence à la crise climatique. Cette phrase, maintes fois tournée en dérision depuis, illustre en effet à merveille l'inconséquence politique, malgré l'état des connaissances.

L'enchaînement est pourtant bien connu, et peut même être modélisé :

Dans une démocratie qui fonctionne bien, nous aurions pu imaginer la démission du ministre concerné, et avec lui, celle de l'ensemble du gouvernement.

Fin 2023, la dette publique atteignait environ 3100 milliards d'euros, soit 110 points de PIB et le déficit public 5,5 points de PIB. Ceux qui s'étaient présentés comme de bons gestionnaires nous auront encore une fois conduits dans l'impasse, contractant les marges de manœuvre. Ils auront un peu plus organisé l'impuissance publique.

Aux coups de rabot brutaux, autoritaires, réalisés dans l'urgence et sur la base de la seule recherche d'économies de court terme, il faudra donc substituer une méthodologie faisant place à l'appréciation qualitative de la dépense. Qu'est-ce qui est socialement utile ? Quelles sont les dépenses les plus impactantes ? Quelles sont les pertes de bénéfices attendues de la suppression de telle ou telle aide, telle incitation financière, tel investissement ? Peut-on mettre en œuvre d'autres moyens de parvenir à un résultat comparable : réorganisation, révision du système de tarification, mobilisation de la société civile, voie législative ou réglementaire, financements privés… ?

Une stratégie de délégitimation de l'impôt, outil principal de la puissance publique

À force de politiques de populisme fiscal qui ont consisté à condamner toute imposition par principe et à réduire de manière constante les impôts comme les cotisations sociales, nous sommes devant un exercice des plus délicats. Gabriel Attal, lorsqu'il était ministre délégué chargé des comptes publics, avait ainsi lancé la démarche « En avoir pour mes impôts », dans une approche consumériste et individualiste de la fiscalité, comme s'il fallait attendre un retour sur investissement personnel.

L'évasion (illégale) et l'optimisation (légale) fiscales sont un véritable sport national, qui profite à celles et ceux qui ont la possibilité d'échapper à l'impôt, en bénéficiant notamment des capacités financières, de conseil, et des dizaines de niches fiscales. La fraude fiscale est estimée entre 60 et 120 milliards d'euros par an, quand la fraude sociale atteindrait 13 milliards d'euros par an d'après le Haut Conseil du financement de la protection sociale (HCFiPS), la grande majorité de cette dernière étant le fait des acteurs économiques et non des assurés, contrairement aux idées reçues.

L'économiste Anne-Laure Delatte démontre par ailleurs que, tendanciellement, les prélèvements obligatoires nets des entreprises (différence entre ce qu'elles versent et ce qu'elles reçoivent) ont baissé, avec une forte accélération depuis le début des années 2000. D'après elle, les ménages portent l'équivalent de 66 % des prélèvements obligatoires[1]. Cela est d'autant plus injuste que les politiques d'exonération de cotisations sociales ont conduit à maintenir les salariés à des niveaux de rémunération proches du SMIC.

Le déséquilibre est perceptible au niveau local également, puisque si Emmanuel Macron a supprimé unilatéralement la taxe d'habitation, il a également décidé de la suppression de la CVAE (cotisation sur la valeur ajoutée) payée par les entreprises, reportant l'essentiel de la fiscalité locale sur la taxe foncière, oubliant au passage que les propriétaires

1. *Ibid.*, p. 65.

n'appartiennent pas tous aux classes les plus aisées, en particulier dans les territoires ruraux, à l'image de cette dame d'une soixantaine d'années avec laquelle j'ai échangé lors d'un séjour en Bretagne. Elle est aujourd'hui en retraite après avoir travaillé dans l'hôtellerie-restauration au Mont-Saint-Michel, elle exerce encore une petite activité agricole avec quelques vaches et elle est propriétaire de sa petite maison dans son village. Elle ne payait pas la taxe d'habitation ni la redevance audiovisuelle, mais sa taxe foncière a augmenté.

Ces baisses d'impôts dont on a l'impression qu'elles profitent à d'autres (mais à qui ?), participent dès lors de la défiance et d'un moindre consentement à la contribution publique :

> « La suppression de la TH entraîne une hausse moyenne du niveau de vie sur la période allant de 2018 à 2023, qui s'échelonne de 80 euros pour les 10 % des ménages les moins aisés (+ 0,7 %) à 370 euros pour les ménages du cinquième dixième de niveau de vie (+ 1,6 %) et atteint 870 euros pour les 10 % des ménages les plus aisés (+ 1,4 %). Le faible effet des mesures d'exonérations de la TH pour les 20 % des personnes les moins aisées est dû à l'existence avant 2018 d'abattements spécifiques, partiels ou totaux, pour les foyers modestes et certaines personnes handicapées ou invalides par exemple[1]. »

Nous avons perdu le sens de la contribution fiscale. Si je prends la redevance audiovisuelle, d'un point de vue du rendement, nous pouvions légitimement questionner la performance du dispositif. Pour autant, elle remplissait une fonction démocratique éminente (lien direct entre la contribution et

1. Sarah Abdouni, Gabriel Buresi, Fabien Delmas , et al., France, portrait social, Édition 2024, « Les mesures sociofiscales de 2023 : la non-reconduction des mesures exceptionnelles de 2022 diminue le revenu disponible des ménages modestes », INSEE, 2024.

le service public financé, transparence et garantie d'indépendance), d'autant qu'elle pouvait être exonérée pour les petits revenus. L'impôt est l'instrument par excellence du pouvoir. Pouvoir de l'État. Mais aussi pouvoir du citoyen.

La fabrique du consentement

Il va donc nous falloir renouer avec le civisme fiscal. Ce ne sera pas une mince affaire. Cela ira déjà mieux si nous avons des responsables politiques qui remisent au placard les discours simplificateurs et qui assument que notre souveraineté nationale ne pourra passer que par un système fiscal robuste (assiette, rendement), juste (progressif), stable dans la durée (c'est-à-dire qui ne conduit pas à changer les règles du jeu trop souvent). Il nous faut sortir des postures et nous adresser à l'intelligence des citoyennes et des citoyens. La question est posée à chacun d'entre nous, quand l'économiste Jean Pisany-Ferry relève une contradiction française : « Nous avons l'appétence pour la dépense des pays scandinaves, mais le consentement au prélèvement des pays latins[1]. »

De nombreux travaux existent en la matière, à l'image des propositions formulées par deux spécialistes, dont Guillaume Hannezo, en faveur d'une politique de justice fiscale (les 1 % les plus riches détiennent 24 % du patrimoine net du pays contre 16% en 1985), qui permettrait de recueillir jusqu'à 15 milliards d'euros par an : remise en cause de niches fiscales, révision du barème de l'impôt sur le revenu pour les hauts revenus, nouvel ISF, fin de l'effacement des plus-values latentes[2].

1. Jean Pisany-Ferry, « Dette, c'est grave docteur ? », *Le 1 hebdo*, 29 mai 2024.
2. Fipaddict et Guillaume Hannezo, « Quel rendement peut-on réellement attendre de la taxation des plus fortunés ? », Terra Nova, 2024.

Dans son livre *Peut-on être heureux de payer des impôts ?*, l'économiste Pierre Boyer rappelle que « les moyennes cachent des différences fortes entre citoyens[1] ». Il met aussi en garde sur la méthode :

> « Un nouveau projet de réforme sociale ou fiscale s'accompagne souvent d'un discours insistant sur la limitation du nombre de "perdants", avec la conviction que les citoyens jugeront ce projet à l'aune de leurs intérêts propres. En réalité, [...] le problème est plus complexe : le projet doit aussi tenir compte du rapport des citoyens au système dans son ensemble, et pas uniquement de leur position individuelle[2]. »

Il expose finalement les déterminants du consentement à l'impôt :

> « [...] les répondants qui ont une bonne image de l'utilisation de l'argent public, une meilleure connaissance du système fiscal et social, une confiance dans les institutions et trouvant la fraude injustifiée, sont plus "heureux" de payer des impôts[3]. »

Si on ajoute que les Français « jugent plus important de disposer de services publics solides et répartis sur tout le territoire plutôt que de bénéficier de baisses d'impôts significatives[4] », en voilà un beau programme !

L'exercice fiscal est rendu d'autant plus nécessaire que nous ne pouvons plus continuer la fuite en avant qui consiste à nous endetter toujours plus, même si nous aurons toujours

---

1. Pierre Boyer, *Peut-on être heureux de payer des impôts ?*, Paris, PUF, 2024, p. 19.
2. *Ibid.*, p. 88-89.
3. *Ibid.*, p. 116-117.
4. Marylise Léon et Mathieu Gallard, *La société idéale de demain aux yeux des Français*, Fondation Jean-Jaurès, 2023.

besoin de recourir à l'emprunt pour financer les investissements d'avenir. Il n'existe un « bon » ou un « mauvais » niveau de dette que tant que les créanciers le jugent ainsi. Dans une perspective de souveraineté citoyenne, nous devrions donc orienter autrement l'épargne des Français vers le financement de nos services publics. La région Pays de la Loire, sous la présidence de Jacques Auxiette, aujourd'hui disparu, avait ainsi lancé un emprunt populaire en 2009 pour financer des investissements publics (lycées, trains) et en 2012 pour soutenir le tissu économique local. « On n'a pas de pétrole, mais on a des idées »…

« C'est la faute aux immigrés »

> « Dans les conditions actuelles, je suis impressionnée des équipes pédagogiques que je trouve au collège de mes enfants : ils sont dans un collège accueillant des migrants primo arrivants, et la CPE contacte toutes les familles une à une quand elle sait qu'ils ne vont pas comprendre une instruction en français[1]. »

Et si notre pays changeait de regard sur l'immigration ? Et si nos services publics étaient les meilleurs vecteurs d'intégration des populations d'origine étrangère ?

Pas de services publics sans immigration

De manière sibylline, la rhétorique stigmatisante ne vise en réalité que certaines populations immigrées, en fonction de leur pays d'origine ou supposé. Elle s'étend en revanche aux personnes racisées nées en France ou naturalisées françaises, pour les mêmes raisons. L'obsession anti-migratoire et l'obsession raciste ne font, la plupart du temps, qu'une.

1. Témoignage recueilli dans le cadre de mon enquête.

C'est tout le paradoxe d'une société vieillissante comme la nôtre, qui a de plus en plus de besoins d'immigration pour faire fonctionner son économie et ses services publics, mais qui se referme sur sa peur de l'autre. Les seniors sont ainsi plus enclins à voter pour des partis d'extrême droite[1].

Pourtant, déjà, de nombreux services publics ne pourraient pas tourner sans elles et sans eux. Face au manque de médecins en ville et à l'hôpital, il a beaucoup été question des professionnels médicaux étrangers, venus au secours de notre système de santé. Sans leur présence, ce sont notamment des médecins de campagne ou des médecins urgentistes qui feraient encore plus cruellement défaut. Nous ne devons pas mésestimer les relents néocolonialistes sous-jacents, qui conduisent à priver des pays plus pauvres que nous de professionnels de santé dont ils auraient eux aussi grand besoin. Cela ne peut donc constituer une solution désirable pour faire tenir notre système de soins, et nous devons d'abord et avant tout accroître l'offre de formation en France et réorganiser l'écosystème de la santé pour le rendre plus soutenable.

C'est bien l'ensemble des métiers publics qui est concerné par cette indispensable contribution : propreté urbaine, informatique, administratif, aide à domicile, entretien, garde d'enfants, recherche et enseignement… Les personnes immigrées ne peuvent être recrutées qu'en contrat si elles sont ressortissantes d'un État hors Union européenne, ce qui les maintient dans une situation de précarité. C'est la raison pour laquelle notre think tank Le Sens du service public porte la proposition d'ouvrir la fonction publique aux étrangers extra-européens[2].

1. Pablo Maillé, « Comment le vote des seniors a glissé vers l'extrême droite », *Usbek et Rica*, 4 juillet 2024.
2. « Notre fonction publique doit être plus représentative de la société française », *Le Monde*, 29 novembre 2023.

La fonction publique est un puissant ferment d'intégration et de mobilité sociale ascensionnelle, comme l'ensemble des services publics, à commencer par l'école. Les administrations employeurs déploient généralement des mécanismes internes via la formation et les cours d'apprentissage et de maîtrise de la langue. Pourtant, les personnes immigrées représentent seulement 6 % des effectifs d'agents publics, contre 12 % dans le reste de la population active (chiffres DGAFP 2022). Les descendants d'immigrés représentent quant à eux 9 % des agents publics, contre 10 % dans le reste de la population active.

Le risque d'auto-sabordage

Le discours d'extrême droite a eu tendance à mettre en concurrence les populations pour accéder aux services publics, dénonçant les « assistés », assimilés pour partie à des populations immigrées ou racisées. Le succès qu'il peut rencontrer auprès d'une partie de la population s'explique par ce que le sociologue Olivier Schwartz appelle la « conscience sociale triangulaire », c'est-à-dire le sentiment « d'être lésés à la fois par les plus puissants et par les plus pauvres[1] ».

Dans son livre *Les épreuves de la vie*, Pierre Rosanvallon explique qu'aux États-Unis, le racisme envers les Afro-Américains accusés de « profiter du système » a conduit au renoncement de « mécanismes redistributifs » pour l'ensemble de la population, « du seul fait que, par hostilité raciale, ils veulent écarter les Noirs des bénéfices sociaux que ces derniers tireraient aussi[2] ». La « préférence nationale » participe de

1. Olivier Schwartz, « Vivons-nous encore dans une société de classes ? Trois remarques sur la société française contemporaine », La vie des idées, 2009.

2. Pierre Rosanvallon, *Les épreuves de la vie - Comprendre autrement les Français*, Paris, Seuil, 2021, p. 35

cette logique restrictive dans l'accès aux droits. Réduire l'accès pour certains, c'est *in fine* réduire l'accès pour tous, et remettre en cause l'existence même des dispositifs.

À force de rendre notre système social responsable de ce qui est présenté comme « une vague migratoire », nous en venons à nous en prendre à notre modèle, qui n'est donc pas menacé de l'extérieur, mais bien par ces politiques qui de l'intérieur créent la vraie menace pour nos services publics. D'après le Secours catholique, le non-recours aux allocations familiales atteint 42 % parmi les ménages étrangers, contre 24 % parmi les ménages français éligibles[1]. Face aux idées reçues, il y a le réel.

Ne croyons-nous pas par ailleurs que restreindre l'accès à certaines prestations (logement, aides sociales, santé) se traduit par des répercussions sur l'ensemble de la population et des dépenses publiques en aval plus importantes (aggravation de l'état de santé, épidémies, précarité, difficulté à s'insérer sur le marché du travail…) ?

Ne devrions-nous pas aussi rappeler que, d'après l'OCDE, « dans tous les pays, la contribution des immigrés sous la forme d'impôts et de cotisations est supérieure aux dépenses que les pays consacrent à leur protection sociale, leur santé et leur éducation[2] » ?

L'immigration est d'abord perçue et appréhendée comme un problème, qu'elle soit légale ou illégale. Le comportement des forces de l'ordre à l'égard des migrants en attente de traversée vers le Royaume-Uni, sur ordre hiérarchique, à Calais par exemple, ne peut constituer une ligne de conduite de notre idéal républicain. La déshumanisation et l'indignité à l'œuvre (tentes lacérées, confiscation de biens, eau coupée,

1. « État de la pauvreté en France », Secours catholique, 2024.
2. « Perspectives des migrations internationales », OCDE, 2021.

associations empêchées de faire leur travail...) se révèlent en tout état de cause absolument non dissuasives.

Entre violence institutionnelle et déni, il serait temps de faire un bilan sérieux des coûts humains, budgétaires, administratifs de l'inaction et de la brutalité publiques. La ségrégation spatiale très forte que nos autorités ont organisée doit aussi être interrogée : il y a ainsi trois fois plus d'immigrés dans les quartiers prioritaires de la politique de la ville. Cette situation repose sur des postulats implicites, à commencer par l'idée qu'il sera plus facile de gérer des populations aux caractéristiques prétendument semblables si on les regroupe au même endroit. Or l'expérience démontre, dans les campagnes par exemple, qu'il existe de nombreuses démarches d'intégration réussies, à condition qu'il y ait de l'anticipation et de la concertation. Cet accueil peut être le ferment d'une unité locale retrouvée autour d'un projet commun, de la reprise de commerces ou du maintien de services publics, des savoir-faire artisanaux, de la vitalité du tissu associatif...

La réinvention fertile de notre modèle n'est-elle pas plus réjouissante que sa destruction pure et simple ?

Conclusion

La bataille des services publics est d'abord celle des imaginaires. Le récit actuellement dominant n'a d'autre but que de contenir le pouvoir de l'État et celui du citoyen. Cette fausse modernité est en réalité un conservatisme réactionnaire.

Certaines paroles politiques contemporaines doivent être prises très au sérieux, sur le continent américain, en Europe, comme en France. La guerre contre l'État est déclarée depuis longtemps. Ses colonels disposent d'une puissance de feu redoutablement efficace. Ses mercenaires sont légion, et ils sont organisés. L'apparente dépolitisation du projet de réforme s'accompagne d'une stigmatisation et d'une disqualification par principe des formes de la puissance publique. La déconstruction est en marche.

Quand je me rends sur des plateaux TV ou radio, je me retrouve régulièrement avec des intervenants et intervenantes armés de quelques chiffres « clés » en mode « *bullet point* » pour nous expliquer combien le modèle français constitue une anomalie en Europe et dans le monde. Ces mêmes chiffres sont ressortis quel que soit le sujet. C'est la « Loi de Brandolini »: il faut beaucoup plus d'énergie et de temps pour déconstruire le baratin. Nos logiques médiatiques nous l'empêchent. Le récit en vient à convaincre, par la pédagogie de la répétition.

Dans son *Roman national des marques*, l'essayiste et communicant Raphaël Llorca nous explique que les grands groupes, industriels ou commerciaux, ont remplacé les grandes institutions pour raconter la France et organiser la société[1]. Peter Hutchison et George Monbiot parlent quant à eux de « doctrine invisible » pour désigner l'idéologie néolibérale qui nous guide désormais, et qui ne dit pas son nom, contrairement aux autres grandes idéologies qui gouvernent ou ont gouverné nos sociétés[2]. L'une des ruses du néo-libéralisme étant de présupposer l'inefficacité consubstantielle de l'action publique pour mieux asservir l'État et détourner ses moyens au profit du marché. Il est assez cocasse de constater sur les réseaux sociaux que défendre l'intervention publique me vaut régulièrement des accusations en « communisme » ou « socialisme » version URSS. La volonté de disqualifier d'avance est patente. La confiscation du débat participe du problème.

Si des formes hybrides d'action collective restent encore à explorer et à inventer, il nous faut donc avant tout reposer la redistribution des pouvoirs comme préalable à toute refondation.

Accélérer ou ralentir ? Simplifier le fonctionnement administratif ou accepter les complexités et les rendre intelligibles ? Uniformiser et optimiser nos performances, ou personnaliser et augmenter nos existences ? Avons-nous besoin d'une fast ou d'une slow administration ? Ou bien d'une troisième voie ?

---

1. Raphaël LLorca, *Le roman national des marques. Le nouvel imaginaire français*, l'Aube, Fondation Jean-Jaurès, 2023.
2. Peter Hutchison et George Monbiot, *The Invisible Doctrine. The Secret History of Neoliberalism (& How It Came to Control Your Life)*, Allen Lane, 2024.

III
Les priorités pour préparer la société de demain

> « Sur l'avenir, tout le monde se trompe. L'homme ne peut être sûr que du moment présent. Mais est-ce bien vrai ? Peut-il vraiment le connaître, le présent ? Est-il capable de le juger ? Bien sûr que non. Car comment celui qui ne connaît pas l'avenir pourrait-il comprendre le sens du présent ? Si nous ne savons pas vers quel avenir le présent nous mène, comment pourrions-nous dire que ce présent est bon ou mauvais, qu'il mérite notre adhésion, notre méfiance ou notre haine[1] ? »

Le compromis social élaboré au cours du XXe siècle, qui a servi de point d'appui au développement de notre modèle français (famille mononucléaire, natalité dynamique, salariat et forte croissance), est ébranlé, mais nous continuons à faire comme si de rien n'était : monoparentalité (une famille sur quatre), familles recomposées (9 % des familles), couples sans enfants, éclatement des statuts et situations de travail, atonie et impasses de la croissance productiviste et extractiviste…

1. Milan Kundera, *L'ignorance*, Paris, Gallimard, Folio, 2014, p. 165.

Aucune modification d'ampleur ne sera possible sans une remise en cause profonde de nos manières de penser et d'agir ensemble. Pour nous repérer, il nous faut tracer un chemin et nous y tenir.

Les huit priorités

Libertés et sécurités collectives

> « Ma meilleure expérience est sans nul doute mon éducation scolaire, j'ai bénéficié de l'école publique depuis la maternelle jusqu'à l'université, cette éducation m'a permis de devenir un adulte autonome, épanoui et parfaitement intégré dans la société[1]. »

Et si notre principale aspiration se logeait dans la possibilité de choisir et diriger librement notre propre vie ? Notre malaise actuel semble ainsi se nourrir d'un sentiment de dépossession de l'essentiel.

Nous vivons globalement et collectivement avec plus de confort matériel, plus de richesses créées, mais beaucoup doivent encore se battre pour être reconnus et respectés. Au temps de l'« égocène » (Vincent Cocquebert), les individus sont devenus plus exigeants avec les institutions et il devient plus délicat de répondre aux besoins et aux aspirations de chacune et de chacun. La réalité devient aussi de plus en plus perçue à partir de son propre ressenti, avec de grandes

1. Témoignage recueilli lors de mon enquête.

impasses dans l'objectivation de ces réalités pour modéliser des politiques publiques[1].

Quand nous avons la possibilité de nous faire livrer un colis en moins de 24 heures, il nous devient insupportable d'attendre plusieurs jours, semaines, mois, voire années, pour disposer d'une réponse de l'administration, du versement d'une aide, ou de l'attribution d'un logement social. Comment gérer ces frustrations, pour partie légitimes, dans une société de l'ultra-consommation et de la satisfaction immédiate ?

À l'aéroport de Washington DC, vous ne trouverez aucun agent de caisse dans la boutique Amazon, une expérience totale de self-service, Alain Damasio dirait « self-serf-service[2] ». Vous prenez ce dont vous avez besoin, vous repartez. Vous êtes filmé, scanné, capté. C'est l'ère du tout automatique et du tout invisible. Comme tombé du ciel.

Est-ce que l'on garde le contrôle ou est-ce que tout nous échappe ? Nous devrions être en tout cas interpellés par le fait que ce sont de puissants acteurs privés qui définissent les nouvelles normes sociales et comportementales, et par notre grande docilité quand il s'agit d'eux, quand nous sommes si rétifs lorsqu'il s'agit d'acteurs institutionnels.

Si la plus célèbre marque de fast-food nous invite à « venir comme vous êtes », elle nous demande quand même de payer en caisse, sans tenir compte de notre situation. Nos moyens déterminent le niveau de service auquel nous avons droit.

1. Juliette Clavière, Thierry Germain, *La France du ressenti : enquête sur une notion au cœur de notre époque*, Fondation Jean-Jaurès, 2024.
2. Alain Damasio, *Les Furtifs*, 2019, *op. cit.*, quatrième de couverture.

Les lieux et équipements publics sont des espaces qui nous donnent à l'inverse la possibilité de nous élever, de sortir de notre condition, de traverser les « épreuves de la vie » (Pierre Rosanvallon), de trouver de la protection, d'être accueilli de manière universelle et sans jugement. Ce sont des espaces privilégiés, des relations de confiance qui vous permettent, lorsque vous êtes enfant, de pouvoir vous confier à un animateur, un surveillant, un professeur, un médecin, un maître-nageur, sur vos doutes, vos peurs et aussi parfois sur les violences que vous subissez, même si les services publics ne sont pas toujours à la hauteur.

Face aux crises sanitaires, climatiques, économiques, géopolitiques, notre action publique est la gardienne de la sécurité et de la stabilité. Or, d'après le Baromètre des risques futurs, neuf Français sur dix expriment le sentiment qu'il y a un nombre croissant de crises et qu'elles ont de plus en plus d'impacts sur leur vie.

Qui décide de ce qui est bon et juste ? Les spécialistes ? Les politiques ? Les hauts fonctionnaires ? Les marchés ? Les industriels et les grandes marques ? Les agents publics ? Les usagers ? Les non-usagers ? Les jeunes ? L'intelligence artificielle ?

Le sentiment de vulnéralibité face aux risques au quotidien

« Future Risks Report Enquête 2024 France », AXA, Ipsos Public Affairs, 2024.

Repenser notre conception de la liberté

Cela peut paraître paradoxal mais à l'heure où l'économie de l'attention capte le moindre temps de cerveau disponible, la prise en charge de problèmes complexes par les institutions publiques réduit considérablement nos charges mentales et libère du temps pour autre chose.

Le journaliste Pascal Riché me l'a évoqué en ces termes lors d'une conversation : « Quand j'étais correspondant aux États-Unis, mon voisin Bill, journaliste comme moi, avait un salaire très supérieur au mien, mais une bonne partie de ce salaire était consacrée à l'éducation de ses filles, aux dépenses de santé, à la préparation de sa retraite. Et finalement son train de vie (loisirs, vacances…) était plus modeste que le mien ». Et avait-il plus de liberté pour autant ?

La libre gestion de son temps est un luxe. La liberté temporelle repose sur la possibilité ou non de déléguer des tâches matérielles et quotidiennes, mais aussi sur la flexibilité plus ou moins importante dans l'organisation de ses temps de vie sociale et personnelle, à commencer par le temps professionnel. Les services publics doivent y prendre toute leur part par leurs modalités d'administration et par leurs horaires d'ouverture. Ce nouveau compromis social ne sera pas possible sans une participation active des syndicats et des employeurs privés, qui auraient tout intérêt à libérer du temps, y compris en journée, en échange d'un travail plus qualitatif, centré sur l'utilité sociale.

Le rapport à l'avenir constitue un marqueur social d'après le sociologue Nicolas Duvoux[1]. Le sentiment positif vis-à-vis

1. Nicolas Duvoux, *L'Avenir confisqué. Inégalités de temps vécu, classes sociales et patrimoine*, Paris, PUF, 2023.

du futur devient ainsi une forme de privilège. Une société inégalitaire est *de facto* moins libérale sur le plan sociétal.

Nous devons par ailleurs nous interroger sur l'utilisation qui peut être faite du temps libéré de la nécessité matérielle. Nous croyons maîtriser notre temps personnel, nous sommes en réalité dépendants d'acteurs privés qui décident à notre place et prennent le contrôle sur nos vies. Nous ne sommes pas libres de regarder les écrans pendant des heures. Nous sommes hypnotisés.

C'est en régulant fortement ces acteurs et les usages qu'ils nous imposent, en permettant de découvrir d'autres sources d'épanouissement, de satisfaction, de joie, que nous pourrons aller à rebours de cette escalade. Il faut élaborer une contre-proposition au moins aussi puissante, qui passerait par des temps, facultatifs ou obligatoires, d'implication dans des missions d'intérêt général, conçues comme un acte consubstantiel de la citoyenneté.

Élargir notre approche de la sécurité

Les lieux publics sont remplis de règles, de codes, de règlements, que nous apprenons, à l'école, à la piscine, à la médiathèque, dans les transports publics… car « la liberté des uns s'arrête là où commence celle des autres ». Dans notre « civilisation du cocon[1] », il devient pourtant de plus en plus difficile de toucher et d'impliquer certaines personnes. Il y a aujourd'hui des gens qui n'appartiennent à rien, parfois même plus à eux-mêmes. Une étude de la Fondation de France estimait en 2023 qu'une personne sur dix se trouve en situation

1. Vincent Cocquebert, *La civilisation du cocon : Pour en finir avec la tentation du repli sur soi*, Paris, Arkhé, 2021.

d'isolement total[1]. Ce sont toutes ces personnes que les services sociaux cherchent à atteindre, à soutenir, à accompagner, y compris en prenant appui sur le tissu associatif et la solidarité de voisinage.

« Savoir que des gens sont là pour vous accompagner[2] », et si nous avions là la définition la plus synthétique et la plus claire de ce que sont les services publics ?

Le service public est un espace de rencontre de l'altérité, de la différence, du non coutumier. Il est apprentissage de la vie en commun, et repose d'abord sur des principes de neutralité et de laïcité. Quelles que soient nos convictions, nous devons vivre ensemble, et c'est de cet exercice exigeant que nous grandissons, que nous pensons parfois contre nous-mêmes, que nous nous renforçons, et que nous évitons la guerre civile. D'où l'importance de la mixité culturelle et sociale, et pas uniquement à l'école.

« Votre meilleure expérience avec le service public ? »

« Je pense que c'est la découverte de la bibliothèque publique, lorsque j'étais enfant. C'était un refuge où je pouvais m'installer pour lire, avec une bibliothécaire pour me conseiller[3]. »

L'enceinte des services publics est un « *safe space* », un lieu sûr, de protection, d'accueil, de liberté. La piscine est ce lieu où vous pouvez faire l'apprentissage de votre corps, de votre liberté de mouvement, de votre souffle mais aussi affronter vos peurs et vos phobies et canaliser votre énergie. Le conservatoire est cet endroit où vous pouvez donner libre cours à votre

1. « Étude Solitudes : en 2023 en France, une personne sur dix est en situation d'isolement total », Fondation de France, 2024.

2. Réponse reçue au questionnaire à la question portant sur la définition des services publics.

3. Réponse reçue à mon enquête.

créativité, faire l'expérience de la discipline de travail, vous évader.

C'est dans cette dimension que doivent être appréhendés les cours d'éducation à la vie sexuelle et affective, dans le rapport à soi et aux autres. Comment lutter efficacement contre les violences sexistes et sexuelles si nous ne formons pas chaque individu au respect de l'intégrité de chacune et de chacun ?

Les services publics nous permettent d'apprivoiser nos peurs et nos angoisses existentielles : la mort, la maladie, le chômage… Ces filets de sécurité collectivement bâtis nous soutiennent tout au long de nos existences, et contre les idées reçues, favorisent même la prise de risque et l'initiative entrepreneuriale.

Notre action publique, c'est notre barrière immunitaire, notre meilleure protection contre toutes les formes d'insécurité, qui ne sont pas d'abord et immédiatement physiques. Ce système de prise en charge mutualisé et régi par ses règles propres s'appuie sur des valeurs qui définissent les contours d'une société de la décence commune.

> « Dans le cadre de mes études universitaires j'ai dû solliciter l'assistante sociale du CROUS, mes parents ne me donnaient pas de ressources pour poursuivre mes études, ni de possibilité de me loger (ma mère était remariée et son mari ne souhaitait plus ma présence), je travaillais durant mes études […]. L'assistante sociale m'a écouté et m'a aidé à présenter mon dossier à une commission de bourses sur critères spéciaux (en dehors du plafond de revenus des parents) et j'ai pu terminer mes deux dernières années d'études grâce à cette bourse. Cela m'a littéralement permis ensuite de passer le concours que je souhaitais et je l'ai réussi[1]. »

1. Témoignage reçu dans le cadre de mon enquête.

La société de l'engagement

Les acteurs publics ne sont pas tout et ne peuvent pas tout. Chaque jour, des millions de collaborateurs et de collaboratrices invisibles rendent des services d'intérêt général pour la société sans être reconnus pour cela, du travail domestique réalisé essentiellement par des femmes[1] à celui des chômeurs et bénéficiaires des minima sociaux qui réalisent « un boulot de dingue ». Ce sont ainsi 40 milliards d'heures par an de travail domestique et 680 000 équivalents temps plein de bénévolat qui ont été estimés[2].

Des millions de bénévoles et de volontaires font tenir notre société et incarnent en action la république fraternelle et solidaire du quotidien : des sauveteurs en mer de la SNSM (plus de 12 000 personnes secourues au large en 2023), aux pompiers volontaires (80 % des effectifs), à la sécurité civile, en passant par la réserve nationale et la réserve opérationnelle, nos sécurités (physiques, affectives, sociales, sanitaires...) ne sont pas que l'affaire des seuls agents ou pouvoirs publics.

Au sein de la Collective des mères isolées, qui se mobilise pour défendre les droits des familles monoparentales, les bénévoles ont ainsi estimé que le temps passé à informer, soutenir les parents isolés, étudier les situations, formuler des propositions, équivaut annuellement à cinq équivalents temps plein réalisés sur le temps personnel.

Les acteurs privés sont des acteurs essentiels de délivrance de services d'intérêt général. « 60 % des interventions de

1. Clara Champagne, Ariane Pailhé, Anne Solaz, « Le temps domestique et parental des hommes et des femmes... », 2015, art. cité.
2. « Un boulot de dingue : reconnaître les contributions vitales à la société », Aequitaz et Secours catholique Caritas France, 2023.

premiers secours sont faites par des ambulanciers privés » m'a rappelé Stéphane Junique, président du groupe mutualiste VYV. Les missions des mutuelles participent quant à elles aux politiques de prévention, tout en proposant de faire vivre un modèle démocratique de gouvernance.

Les pharmacies jouent aussi un rôle de plus en plus structurant dans l'accès à la santé. Les élus locaux sont aujourd'hui confrontés à la fermeture de ces officines. C'est ce qui a motivé par exemple le lancement d'une pétition par la maire de Chamboulive, en Corrèze, Betty Dessine, à l'été 2024, pour alerter sur le risque de fermeture de la pharmacie de la commune. Cette pétition évoque le rôle essentiel de ce commerce :

> « Des liens de prise en charge, d'appuis et d'interventions existent aussi entre la pharmacie et l'Ehpad, le cabinet d'infirmiers et le médecin. [...] Cela conduirait à la disparition de ce lieu et de ce lien essentiel desservant les quelque 1200 habitants de la commune ainsi que ceux des petites communes environnantes mais aussi des conseils de santé précieux, un soutien personnalisé et un lien social important, surtout pour nos aînés et les personnes à mobilité réduite. [...] La présence de la pharmacie contribue à l'activité économique de notre village. [...] Elle permet aux résidents de se sentir en sécurité, sachant qu'ils peuvent obtenir des médicaments et des conseils de santé rapidement et facilement. »

D'autres intervenants contribuent activement à l'exercice de missions de services publics sur l'ensemble du territoire, que l'on pense par exemple aux buralistes, aux assistants familiaux qui accueillent les jeunes de l'Aide sociale à l'enfance (et qui sont rémunérés pour cela), ou encore aux conciliateurs de justice, qui interviennent gratuitement pour régler à l'amiable certains litiges, ou bien encore aux jurés qui concourent activement à rendre la justice « au nom du peuple français ».

Le secteur associatif porte à la fois des missions de services publics déléguées par la puissance publique et des missions complémentaires à son initiative, à l'image du centre social intercommunal des portes du Morvan, à Lormes dans la Nièvre, qui touche plus de 2 500 usagers par an (soit 71 % de la population du territoire) avec un peu moins de vingt salariés et une trentaine de bénévoles. C'est à la fois un lieu de ressources d'information (démarches administratives, logements vacants, modes de garde et moyens de transport) et un lieu de services (micro-crèche, centre de loisirs, activités, séjours, accompagnement aux projets citoyens…).

Des tiers lieux émergent un peu partout dans le pays, impulsés par des acteurs institutionnels, des associations ou des citoyens, essentiellement en dehors des grandes villes. Ils sont autant de lieux de rencontre, d'échange, d'entraide, de partage de compétences, de résolution de problèmes, de découverte culturelle, de valorisation de l'artisanat local…

Pourtant, de nombreuses structures associatives sont aujourd'hui menacées, faute de disposer de personnel ou de moyens budgétaires à la hauteur des besoins couverts. Nous devons penser en termes de complémentarités et de continuités, de répartition des charges, des responsabilités et des ressources. L'État doit mieux coordonner et outiller d'autres acteurs que lui-même dans le cadre de coalitions d'intérêt général. L'économie sociale et solidaire est une économie d'avenir qui peut par exemple jouer un précieux rôle, avec des valeurs compatibles[1].

1. Cf. Jérôme Saddier, *Pour une économie de la réconciliation. Faire de l'ESS la norme de l'économie de demain*, Paris, Les petits matins, 2022.

À rebours des logiques marchandes, ce sont ces différentes formes d'engagement citoyen qu'il nous faut davantage favoriser et intégrer dans nos systèmes de prise en charge collectifs, en facilitant l'exercice de ces missions avec une activité professionnelle, en valorisant les compétences développées, en rétribuant, y compris de manière non monétaire, ces mobilisations au bénéfice du bien commun. La citoyenneté ne se limite pas au vote et à l'engagement politique. Elle prend de multiples formes qu'il serait bon de réhabiliter pour redonner du pouvoir d'agir à chacune et à chacun d'entre nous.

Les parentalités facilitées

Dans une société de plus en plus concurrentielle, les services publics sont contournés par celles et ceux qui ont les ressources personnelles ou financières. Chacune et chacun voulant le meilleur pour ses enfants, celles et ceux qui peuvent se le permettre financent des coachs, y compris pour optimiser leur dossier sur Parcoursup. Les parents eux-mêmes se prennent des coachs en parentalité qui leur prodiguent des conseils. Les injonctions pour « être un bon parent » sont légion. La responsabilité individuelle remplace le collectif.

Ce surinvestissement de la parentalité s'accompagne de paradoxes, voire de franches régressions. L'enfant est devenu roi, mais il est devenu de moins en moins supportable, et des lieux « *no child* » se développent ici et là pour garantir la tranquillité des adultes. L'enfant deviendrait un problème en soi qu'il faudrait mettre à distance. Comment concevoir des espaces qui prennent en charge les besoins spécifiques des enfants, tout en garantissant la cohabitation avec les autres ?

Les injonctions sociales nous mettent la pression. Il faut être « premier de la classe », partout, tout le temps, y compris aussi dans sa vie personnelle et intime. Quel épuisement !

Quelle responsabilité ! À l'occasion de la maternité de l'une de mes amies en 2023, j'ai entendu parler pour la première fois des « doulas[1] ». Les futurs ou nouveaux parents recourent de plus en plus à des « doulas » pour répondre à certains besoins (sécurité affective, gestion logistique, écoute empathique entre « pairs »). Comment articuler ces interventions avec celle des professionnels de santé ? Comment garantir la qualité des accompagnements ?

Cette expérience partagée par l'une des participantes à mon enquête résume assez bien la manière dont les services publics peuvent accompagner de manière satisfaisante des parcours, quand ils en ont les moyens, lorsqu'elle évoque

> « l'accompagnement à la parentalité à la naissance de (s)a fille, accouchement dans un hôpital de proximité, peu d'accouchées et du personnel avec du temps pour expliquer l'allaitement, le suivi à domicile par une sage-femme, le lieu d'accueil parents/enfant et la crèche familiale, avec le CCAS qui était l'employeur de l'assistante maternelle [(elle) ne voulai(t) pas gérer cette relation employé/employeur] ».

Les formes de parentalité évoluent. Les séparations engendrent une dégradation marquée du niveau et de la qualité de vie des parents, surtout des mères, mais aussi des enfants, comme l'a analysé une étude de France stratégie[2]. En France, 4 millions d'enfants ont des parents séparés et environ

1. Wikipédia en donne la définition suivante : « Une doula est une personne qui apporte soutien et accompagnement moral et pratique à une femme enceinte ou un couple durant la grossesse, la naissance, la période néonatale et en fin de vie. »
2. Marine de Montaignac, Carole Bonnet, Anne Solaz, « Séparation des parents : quel impact sur le niveau de vie des enfants ? », France stratégie, note d'analyse, n° 132, 2024.

380 000 enfants sont concernés chaque année par la séparation de leurs parents.

Dans un contexte de profonds changements des fondations de notre modèle social, certains en appellent à renouer avec l'ancien modèle : relancer la natalité et réhabiliter la famille traditionnelle. Peu leur importe que la famille ne protège pas toujours, ou que les injonctions à la natalité pèsent sur la vie et les droits des femmes. Nous ne pourrons plus longtemps éviter de véritables politiques d'égalité entre les genres, et l'instauration de congés répartis à parts égales entre les deux parents.

La démographie reste appréhendée à la fois comme un symbole de puissance des nations et comme la condition de la pérennité du système social, soit par le financement en cotisations des actifs, soit par l'exercice de la solidarité familiale. La situation de la France n'est pas une anomalie. La natalité est aujourd'hui en déclin dans la plupart des pays du globe, posant d'immenses défis à nos sociétés. La géopolitique pourrait en être profondément bouleversée.

Nous avons donc à repenser collectivement les systèmes de solidarité familiale et publique. Le proverbe africain ne nous enseigne-t-il pas qu'« il faut tout un village pour éduquer un enfant » ? Et s'il fallait toute une société pour prendre soin les uns des autres à tout âge et quels que soient nos parcours de vie ?

La dignité du grand âge

Notre société n'est pas mieux préparée au vieillissement de la population qui a déjà commencé. Nous vivons plus longtemps, en plus ou moins bonne santé, avec plus ou moins d'autonomie, en habitant des logements plus ou moins adaptés, en ayant ou non la possibilité d'être pris en charge en institution ou par notre entourage, en bénéficiant de soins plus ou moins ajustés aux situations. Nous manquons de gériatres, mais aussi globalement de formations spécialisées dans la prise en charge du grand âge pour l'ensemble des professionnels de santé.

Un élu local m'évoquait récemment que les services municipaux qui prennent en charge les sans domicile fixe avaient aussi fait remonter l'inadaptation des dispositifs publics à l'attention des personnes en situation de rue, de plus en plus âgées.

En 2025, d'après l'INSEE, une personne sur trois aura plus de 60 ans (contre une sur cinq en 2005). Le nombre de personnes âgées en situation de perte d'autonomie pourrait atteindre 4 millions en 2050.

Si la réponse institutionnelle (EHPAD) doit gagner en qualité, en accessibilité financière et géographique et en nombre de places disponibles, la plus forte appétence pour le maintien à domicile nous oblige à penser une pluralité de solutions pour répondre à la très forte hétérogénéité des besoins, des aspirations, et des moyens. Cette politique ne pourra se concevoir sans les acteurs privés, qu'ils soient lucratifs ou associatifs, et sans les entourages, afin que chaque acteur puisse jouer le rôle qui lui incombe. Cela supposera de mieux reconnaître le rôle des proches-aidants, de leur libérer du temps pour mieux concilier vie professionnelle et proche-aidance, mais aussi de revaloriser fortement les métiers auprès des personnes âgées, particulièrement féminisés. La dignité des anciens passe d'abord par la dignité de celles et ceux qui en prennent soin.

En 2024, l'Inspection générale des affaires sociales (IGAS) préconisait ainsi

> « de construire, à horizon 2030, 100 000 logements nouveaux en résidences autonomie, en plus de rénover le parc existant, de sécuriser les conditions de développement et de fonctionnement des habitats alternatifs pour les préparer

à l'accueil de personnes âgées en plus grandes difficultés, d'engager un plan national de transformation domiciliaire des Ehpad, de structurer le pilotage de l'offre par type d'habitat et de renforcer la prévention pour assurer une vie durablement de qualité aux personnes âgées[1]. »

Dans leur rapport d'information parlementaire sur les métiers du lien en juin 2020, les députés Bruno Bonnell et François Ruffin ont mis en lumière qu'en 2030, plus de 862 000 personnes pourraient occuper un emploi d'aide à domicile, des emplois invisibilisés auxquels le député-réalisateur avait rendu hommage dans son film documentaire *Debout les femmes*, réalisé avec Gilles Perret en 2021. Cet emploi à domicile est majoritairement pris en charge par le secteur associatif, suivi par les entreprises privées qui font jeu égal avec les particuliers, et très loin devant l'emploi public, essentiellement assuré par les collectivités locales. C'est dire combien cet enjeu nous enjoint à repenser notre modèle de gouvernance autour du grand âge pour construire des coalitions d'acteurs publics-privés d'intérêt général.

Les jeunesses émancipées

Contrairement à leurs aînés, une grande partie des jeunes n'a pas connu le prétendu « âge d'or » des services publics. Mais la force de la transmission du récit collectif les atteint. Pourtant, ces jeunes n'ont pas vraiment le même rapport aux institutions, à l'écrit, au numérique… Plusieurs études convergent pour dire qu'ils sont par exemple moins à l'aise

1. « Lieux de vie et accompagnement des personnes âgées en perte d'autonomie : les défis de la politique domiciliaire, se sentir chez soi où que l'on soit », IGAS, 2024.

avec les appels téléphoniques[1] et ne sont pas nécessairement plus habiles avec les démarches administratives en ligne, ou l'usage du mail. Nos formats d'action publique ne garantissent donc pas nécessairement un meilleur accès aux services publics et aux droits pour les plus jeunes.

Les administrations devraient-elles davantage miser sur certains réseaux sociaux, les forums de jeux en ligne ou encore les formats de type « vocaux » qui pourraient davantage correspondre à leurs codes et leurs usages ? Il faudrait aussi investir ou réinvestir leurs lieux de sociabilité et mobiliser davantage de médiateurs pour aller à leur rencontre, mais également concevoir des parcours de découverte des institutions plus stimulants (interventions en établissements, immersions qualitatives auprès d'agents publics, travaux pratiques, jeux de rôle…) ?

La citoyenneté devrait d'abord être conçue comme la capacité à décrypter les institutions du quotidien. La ville d'Épinal a par exemple instauré la semaine en quatre jours et demi à l'école avec une demi-journée dédiée à la citoyenneté.

Changer de regard sur les jeunes

Le regard que notre société porte sur ses jeunesses induit un biais de prise en charge manifeste. Dans son livre *Sois jeune et tais-toi*, la journaliste Salomé Saqué décortique avec minutie les multiples facettes d'une jeunesse invisibilisée et maltraitée par nos services publics, ce qui génère un rapport de défiance à leur égard[2]. Nos institutions publiques malmènent les jeunes, que l'on pense aux traitements infligés à de trop nombreux jeunes de l'aide sociale à l'enfance, aux carences

1. « "Fragilité", "anxiété", "effroi"… D'où viennent les complexes de la gen Z pour répondre au téléphone », *20 minutes*, 27 août 2024.
2. Salomé Saqué, *Sois jeune et tais-toi. Réponse à ceux qui critiquent la jeunesse*, Paris, Payot, 2023.

dans la prise en charge des MNA (mineurs non accompagnés), souvent livrés à eux-mêmes dans nos rues, ou encore à l'infériorisation avec laquelle les jeunes sont parfois traités par nos organisations, à l'image de la fille adolescente d'un ami qui, ayant manifesté avec quelques camarades devant son lycée de manière pacifique, s'était fait embarquer par la police et traiter dans le fourgon de « petite conne ».

Nous devrions tout autant nous préoccuper de la justice inter-générationnelle dans l'accès aux services publics, car nous faisons courir des pertes de chances à nos jeunes générations. Quand des enseignants ne sont pas remplacés pendant plusieurs semaines, voire plusieurs mois, quand des enfants sont maintenus dans une famille maltraitante, quand le système de soins privilégie les plus fragiles ou les patients déjà connus, quand les systèmes numériques d'affectation au lycée ou dans l'enseignement supérieur laissent des jeunes sur le carreau, comment imaginer que nous préparons correctement l'avenir de toute une nation ?

C'est à l'édification d'une société à hauteur d'enfant que nous devons prioritairement nous atteler, en concevant nos dispositifs publics à partir des besoins de l'enfant, de son point de vue, et avec lui.

Les maux dont souffre notre jeunesse ne sont que le miroir de l'état mental de notre société : éco-anxiété, phobie scolaire, dépression… La jeunesse n'est plus synonyme d'insouciance. Cette détresse psychologique est la nôtre. Et la prise en charge par des pédopsychiatres est totalement insuffisante, faute de professionnels.

L'accès à un emploi est parfois très éloigné des réalités des jeunes. Les missions locales, sous statut associatif, remplissent en cela un rôle d'insertion sociale et professionnelle de premier ordre, en nouant une relation de confiance avec les jeunes et en leur proposant une prise en charge globale, en levant les freins, y compris psychologiques, qui empêchent leur accession à un emploi. Ces structures implantées un peu partout sur le territoire ne sont pas toujours connues des jeunes, et manquent de moyens pour bien exercer leurs missions. Elles sont souvent sacrifiées sur l'autel de « l'austérité ».

Intégrer les jeunes au cœur du système institutionnel

Il nous faut aussi intégrer ces jeunes au cœur même de nos organisations publiques. Pourtant, comme nous l'expose Salomé Saqué[1], l'engagement est aujourd'hui davantage associé aux « causes » et au secteur associatif qu'aux services publics, qui n'apparaissent pas comme un débouché évident pour une jeunesse en quête de sens et d'utilité sociale.

Il faut dire que nos politiques publiques leur accordent peu de place, y compris dans la conception même des dispositifs. Il faut aussi avouer que le fonctionnement de nos administrations peut les rebuter, à tort ou à raison, ce qui devrait nous interroger sur l'image que nous renvoyons mais aussi sur nos pratiques internes. Les concours attirent moins, les jeunes sont plus souvent recrutés en qualité de contractuels, ils ne perçoivent pas de perspectives de carrière suffisamment épanouissantes et rapides, ils considèrent ne pas avoir suffisamment d'autonomie et d'initiative dans leur travail.

D'après un sondage réalisé par la CASDEN et BVA, 80 % des agents publics considèrent que la fonction publique est insuffisamment préparée pour faire face aux enjeux sociétaux actuels et futurs, seuls 28 % ont le sentiment que leurs missions de service public sont comprises par les usagers (18 % seulement chez les moins de 30 ans) et 18 % qu'elles sont valorisées auprès des citoyens (seulement 15 % chez les moins de 30 ans). Mais contrairement à des idées reçues, la

1. *Ibid.*

« garantie de l'emploi » continue de séduire, avec des scores supérieurs à 90 % chez les moins de 40 ans. En revanche, 42 % des fonctionnaires interrogés ne recommanderaient pas la fonction publique à leur propre enfant. La rémunération et le manque de reconnaissance arrivent en tête des raisons invoquées. L'avenir compromis de la fonction publique et les conditions de travail n'arrivent pas très loin non plus[1].

Le narratif devenu largement négatif autour des services publics et de leurs agents n'est pas étranger à cette désaffection. Les administrations qui en ont les moyens redoublent d'ingéniosité pour changer l'image de la fonction publique. C'est en renouant avec un discours de fierté que nous parviendrons à rendre notre fonction publique attractive. L'association La Cordée, portée par des agents publics engagés, va à la rencontre des jeunes, développe des réseaux d'entraide, accompagne et facilite l'accès à la fonction publique, avec de nombreux partenariats institutionnels. Elle inscrit son action dans le droit fil de la promesse d'ascension républicaine par le service public, en favorisant la diversité sociale et territoriale dans les recrutements. Nous devrions prendre appui sur cette logique positive, a fortiori face à la nécessité de relocaliser l'emploi public dans les territoires.

C'est aussi en offrant des facilités pour concilier vie privée et vie professionnelle (engagements, parentalité, vie culturelle et sportive…) que la fonction publique réussira à tirer son épingle du jeu. Elle ne doit plus être présentée et perçue comme faisant partie de l'ancien monde. Elle doit au contraire incarner l'avenir, à commencer par le grand projet écologique qui doit rassembler les générations au XXIe siècle.

1. « Baromètre des fonctionnaires : moral, épanouissement et perception de leur métier », Casden, BVA, 2023.

L'écologie désirable

« La motivation du service public est écosystémique en soi, car il se préoccupe de l'intérêt général et des externalités. Il ne cherche pas à produire du gain. Mais tout dépend de ce que l'on met derrière l'intérêt général », me confiait ainsi mon ami Simon qui travaille dans l'une des treize régions métropolitaines.

L'écologie est donc d'abord l'affaire des services publics qui disposent de multiples leviers pour réussir l'atténuation et l'adaptation au nouveau régime climatique : éduquer à la crèche, à l'école et à travers les politiques culturelles et sportives, protéger et sanctionner par une police et une justice environnementale à la hauteur des besoins, réduire les déchets à la source et mieux les valoriser, investir dans des réseaux d'eau et d'assainissement performants, soutenir les entreprises engagées et innovantes, construire les infrastructures résilientes face au dérèglement climatique (routes, ponts…), orienter la commande publique vers des achats plus responsables, garantir la qualité de la restauration collective (produits locaux, sans intrants chimiques et de saison), développer des modes de transport moins polluants, conseiller et financer les nécessaires adaptations individuelles.

Faire de la contrainte une opportunité

Dans son rapport du 12 juillet 2024, OXFAM nous alerte : 1,3 million d'enfants de maternelle seront exposés à une chaleur excédant 35 ° dans les classes d'ici 2030, 5 % des hôpitaux français seront menacés de fermeture à cause des aléas climatiques extrêmes d'ici 2100, 3 % des écoles primaires et 2,3 % des maisons de retraite seront affectées par la montée des eaux. En tout, 62 % de la population française est exposée de manière forte ou très forte aux risques climatiques[1].

La transformation écologique de nos sociétés devra nécessairement passer par une réaffirmation et une réinvention de la puissance publique, pour réorienter notre modèle de production et de consommation, en embarquant les acteurs privés, à l'image du nouveau service Ecolab créé au sein du ministère de la Transition écologique pour repérer et accompagner les initiatives innovantes afin d'aider à la bifurcation écologique des entreprises.

Le réchauffement climatique impacte déjà la croissance. D'après les économistes Adrien Bilal et Diego Känzig, sans le réchauffement climatique constaté depuis 1960, le PIB mondial serait supérieur de 37 %. Une nouvelle hausse de 2 °C d'ici à 2100 pourrait conduire à entamer le PIB mondial de 50 %[2]. C'est un enjeu de souveraineté économique.

Au logiciel bâtisseur des acteurs publics, il nous faudra substituer progressivement celui de la maintenance et de l'adaptation des structures existantes. Certaines expériences peuvent servir d'inspiration, comme celle d'Emmaüs, à la croisée des enjeux écologiques et sociaux. En matière de logements, il faut miser encore plus sur la réhabilitation, la construction de la « ville sur la ville », le réinvestissement des friches, ce qui pose d'immenses défis techniques et financiers.

L'approche écologique constitue une opportunité pour repenser nos politiques publiques. C'est dans cet esprit qu'a été conçu par exemple le nouveau lycée Robert-Badinter de Créon en Gironde avec des bâtiments haute qualité

---

1. « Changement climatique : nous ne sommes pas prêtes ! », OXFAM, 2024.
2. Anne Feitz, « Le réchauffement climatique freinera la croissance nettement plus que prévu », *Les Échos*, 27 mai 2024

environnementale, chauffés par géothermie, agrémentés de zones végétalisées, et offrant des espaces répondant aux divers usages éducatifs et récréatifs nécessaires à la réussite des élèves. Il ne s'agit plus de chercher à optimiser les mètres carrés, mais de penser des lieux de vie, de sécurités, agréables, qui favorisent des relations humaines de qualité.

Des métiers publics seront à réhabiliter ou à inventer, à rebours des politiques d'externalisation des dernières décennies, à condition d'être en capacité d'attirer, de former, de fidéliser, de rémunérer les profils adaptés à ces nouveaux besoins (mécaniciens, jardiniers, réparateurs, spécialistes des fluides…), au risque sinon que le secteur privé prenne encore la place. Véolia se réjouissait ainsi en 2024 du lancement de son école de la transformation écologique.

Les lieux et espaces publics devront s'adapter dans un monde qui se réchauffe, et nous ne pourrons pas renoncer aux grandes infrastructures : vaut-il mieux laisser les systèmes de climatisation se développer de manière anarchique partout ou privilégier les aménagements publics et les espaces intérieurs rafraîchis dans des lieux de service public ? Vaut-il mieux continuer la course à la construction et l'installation de piscines privées ou développer les infrastructures publiques, piscines ou cours d'eau naturels ? Vaut-il mieux inciter indirectement à prendre son véhicule personnel climatisé en cas de fortes chaleurs ou rafraîchir les transports publics ? Ne faudrait-il pas rétablir des fontaines à eau dans les espaces publics afin de limiter l'utilisation de bouteilles en plastique et donner accès à l'eau potable « gratuitement » ?

Les horaires des services publics doivent aussi être repensés et de nouvelles politiques des temps doivent émerger afin d'adapter les temps sociaux, notamment en été face aux très fortes chaleurs. Nos agents publics ne pourront rapidement plus exercer sur l'espace public à partir de certaines heures de la journée. Nos agents administratifs comme nos usagers suffoqueront dans des bâtiments mal conçus. Les acteurs publics pourront s'inspirer des pratiques de pays plus chauds, avec des ouvertures plus matinales ou plus tardives en soirée.

Intégrer le vivant comme une solution à nos problèmes publics

Comme me l'a confié un collègue et ami : « Le CO_2 est devenu la principale préoccupation des élus, qui efface toutes les autres. Le CO_2, c'est le truc le plus simple à résoudre et à mesurer finalement, mais cela ne résout pas l'impasse des limites planétaires de la croissance et les enjeux de durabilité et d'habitabilité de la planète. » Sous couvert d'écologie, nous pourrions donc créer de nouveaux biais et des points aveugles dans nos mécanismes d'action publique. Les questions de biodiversité sont encore beaucoup trop délaissées, probablement parce que « ce ne sont que des animaux », sans avoir la compréhension des impacts pour l'espèce humaine. Il va donc nous falloir remettre en question notre logiciel d'espèce dominante.

Les animaux apparaissent de plus en plus indispensables pour exercer des missions que nous ne sommes pas en capacité de traiter autrement. C'est ainsi que se développe la médiation animale, avec l'utilisation de chats, de chiens ou encore de chevaux auprès d'enfants en situation de handicap ou de personnes âgées, ou pour accompagner les témoignages devant les tribunaux. La police montée (à cheval) développe quant à elle une autre forme de relation auprès de la population. Les animaux sont aussi d'imparables alliés pour prendre soin d'espaces sensibles, de parcs, de zones humides, comme les moutons. Les oiseaux et les chauves-souris nous viennent en aide pour lutter contre le moustique-tigre, avec les enjeux sanitaires que comporte l'arrivée de cet insecte dans nos contrées.

Nos vies citadines nous ont éloignés du contact et de la cohabitation avec d'autres êtres vivants, que nous ne percevons même plus. Un rapport du Haut Conseil de la famille, de l'enfance et de l'âge nous alertait par exemple sur les « enfants d'intérieur », le temps passé à l'extérieur par les nouvelles générations ayant été fortement amputé[1].

Il faudra concevoir tout un nuancier d'interventions humaines coordonnées par la puissance publique pour répondre à ces nouveaux défis, qui mobilise les chambres d'agriculture, les offices de tourisme, les associations, les citoyens engagés, l'État, les collectivités locales, les experts du monde animal et végétal...

L'enjeu n'est autre que d'instaurer ce que le philosophe Baptiste Morizot appelle une « diplomatie des vivants[2] » qui permette de réapprendre à décrypter le fonctionnement du monde vivant qui nous entoure, et à lui faire une place dans nos existences, en se mettant « à hauteur de vivants », à l'image du dispositif « Pastoraloup », qui mobilise des bénévoles pour aider les bergers à protéger les troupeaux.

Une telle révolution dans notre organisation sociale supposera d'ériger un arsenal de droits, qui reste encore à penser et à débattre. Le droit à la dignité doit aussi s'étendre à l'ensemble des vivants[3].

A contrario, les acteurs publics ne devront pas tout miser du côté du technosolutionnisme, qui pourrait être une véritable bombe à retardement quant à son impact sur les ressources, les écosystèmes, la consommation énergétique et les

1. « Quelle place pour les enfants dans les espaces publics et la nature ? Éducation, santé, environnement », HCFEA, 2024.
2. Baptiste Morizot, *Manières d'être vivant*, Acte Sud, Mondes Sauvages, 2020.
3. Cynthia Fleury, *La clinique de la dignité*, Paris, Seuil, 2023.

émissions de CO_2[1]. La dette écologique, qui ne pourra pas se rembourser, n'est-elle pas plus inquiétante que la dette budgétaire ?

La maîtrise sur le numérique et l'intelligence artificielle

L'utilisation de l'intelligence artificielle dans les services publics est-elle source d'inquiétude ou d'espoir ? L'intelligence artificielle pourra-t-elle remplacer nos fonctionnaires ? Autant d'éléments autour desquels nous avons échangé avec les experts de l'intelligence artificielle Jacques Priol[2] et Yann Ferguson[3] le 7 janvier 2025 dans le cadre des débats de l'IA organisés à Nantes.

D'après le baromètre 2024 de l'Observatoire Data Publica, l'inquiétude prédomine aujourd'hui chez nos concitoyens face à l'IA (45 %), la curiosité lui emboîte le pas (34 %), suivies de l'indifférence (9 %), de l'enthousiasme (6 %) et du rejet (6 %)[4].

Pour un numérique à hauteur d'humains

Nous ne savons pas vraiment comment l'intelligence artificielle (IA) impactera nos vies, et nous savons donc encore moins comment nous positionner par rapport à ses évolutions futures. Ces technologies nous apparaissent encore lointaines, alors qu'elles sont déjà utilisées pour de nombreux usages, y

1. Émilie Agnoux, Aude Fournier, Johan Theuret, « Longtemps présenté comme un progrès pour les administrations, le numérique n'a pas tenu toutes ses promesses », *Le Monde*, 11 mars 2021
2. Fondateur du cabinet CIVITEO.
3. Directeur scientifique du LaborIA de l'INRIA
4. « Les Français et leur confiance dans la gestion des données par les acteurs publics », Ipsos pour Civiteo, Data Publica, Observatoire, 2024.

compris dans nos services publics. Il est d'autant plus difficile de se projeter que l'IA regroupe une grande diversité de technologies, qui ne se limitent pas à l'IA générative.

Dans ma propre enquête sur les services publics, les répondants ont évoqué de nombreux bénéfices attendus : efficacité, simplicité, rapidité pour des tâches standard. Du côté des impacts négatifs, ils ont mis l'accent sur la perte de liens humains, la suppression de postes et l'émergence ou le renforcement de services publics à plusieurs vitesses.

Le baromètre Data Publica abonde en ce sens, puisque 80 % des sondés préfèrent avoir accès à un humain, même si cela ne peut se faire qu'aux horaires d'ouverture des guichets (contre 20 % qui préfèrent avoir un accès à une messagerie instantanée avec une IA qui peut répondre à n'importe quelle heure).

L'intelligence artificielle est un des points aveugles de la pensée politique de l'action publique, alors que nous assistons à une révolution anthropologique historique, qui questionne nos systèmes de valeurs et notre modèle de société.

Le numérique a profondément transformé nos administrations depuis une vingtaine d'années, tout particulièrement lors des dix dernières années sous l'impulsion de la pensée de l'« État plateforme ». Nous avons tendance à tancer aujourd'hui les errements de la dématérialisation à tous crins, à raison, mais sans toujours rappeler les nouveaux usages utiles aux citoyennes et aux citoyens : France Connect, déclaration de revenus en ligne, pré-plainte en ligne, demande de procuration en ligne, compte Améli, carte Vitale... Pour 79 % des Français, la dématérialisation des services publics simplifie la vie[1].

1. « IA : notre ambition pour la France », rapport cité, p. 76.

L'IA, comme le numérique dans son ensemble, est aujourd'hui pleine de promesses. Promesse de rendre plus performantes nos politiques publiques. Par exemple dans le domaine de la santé, l'IA peut aider au diagnostic, à la lecture des bilans sanguins, ou encore à l'identification des anomalies, et libérer les médecins de temps administratifs et médicaux... Dans le domaine éducatif, l'IA peut offrir des outils personnalisés pour adapter l'enseignement aux besoins individuels des élèves et faciliter le travail de préparation ou de correction des enseignants. Elle pourrait déboucher sur une évolution profonde du rôle des professionnels, d'un enseignant « sachant » vers un enseignant « accompagnant[1] ». Déjà, l'IA assiste des collectivités locales pour optimiser la gestion des ressources comme l'énergie et l'eau (projet PrevizO en région Centre-Val de Loire qui anticipe les périodes de pénurie), mieux connaître la biodiversité pour la préserver (région Occitanie), anticiper l'impact des choix d'urbanisme dans le temps sur l'environnement et les usages (projet Urba(IA) de l'agglomération de Paris-Saclay).

Promesse de mieux nous connaître et d'automatiser nos droits, comme le versement à la source de prestations sociales, autrement appelé « solidarités à la source ». Promesse également de faciliter la vie des agents publics et des usagers, avec l'expérimentation de l'agent conversationnel souverain « Albert » ou les chatbots de collectivités locales pour faciliter les démarches administratives. Promesse de reconfigurer les services et les métiers publics, en libérant les agents publics de tâches jugées rébarbatives, automatisables, bureaucratiques (mais le sont-elles vraiment ?), ou en les aidant à réaliser leurs missions, à l'exemple des capteurs et données qui permettent d'optimiser les circuits de collecte de déchets. Il nous faut

1. *Ibid.*, p. 84

pourtant dès à présent anticiper comment éviter la reproduction de notre tendance bureaucratique, qui pourrait se nourrir insatiablement des quantités de données, sans se requestionner structurellement sur certains de ses modes de fonctionnement inadaptés.

Promesse indirecte de revalorisation des métiers de terrain, qui nécessitent de la présence humaine, du soin, des liens, de l'intelligence relationnelle et situationnelle. Promesse de simplicité enfin pour les usagers, avec par exemple la mise à disposition en temps réel des délais d'attente en guichet ou de la fréquentation des équipements publics. Déjà, les applications de type « ma ville dans ma poche » permettent de se renseigner et d'accéder à des bouquets de services depuis n'importe où grâce à son smartphone. Promesse aussi de nouveaux usages, à l'image des cartes personnalisées du territoire déjà proposées par l'IGN (Institut national de l'information géographique et forestière).

Mais ces évolutions nous donnent-elles aujourd'hui le sentiment d'une amélioration des services publics ? Le numérique et l'IA nous rendent-ils vraiment plus forts et performants ?

Se protéger face aux nouvelles vulnérabilités

Nous entrons dans une guerre d'un genre nouveau, face à un ennemi souvent invisible, qui peut frapper à tout moment. Les administrations, collectivités et hôpitaux qui ont fait l'expérience de cyber-attaques peuvent en témoigner. Des services publics bloqués, des données perdues ou volées, l'impossibilité d'accéder à tout historique, sa messagerie, ses dossiers. Des mois pour tout reconstituer. Beaucoup d'argent public dépensé. Des retards pris dans le traitement des usagers. Et beaucoup de fatigue pour toutes les équipes obligées d'adopter un mode dégradé du jour au lendemain. Cela est d'autant plus vrai que nos administrations restent mal préparées à ce genre d'incident. Il en va du cyberespace comme de la vraie vie : les moins protégés sont les plus vulnérables.

Paradoxalement, nous avons donc déjà rendu nos services publics, et donc nos sociétés, plus vulnérables. L'ère du numérique présente de nouvelles formes d'insécurité. Le risque est désormais en ligne : trafics en ligne, cyber-harcèlement et menaces, violences envers les mineurs, *deepfake*…

Ces nouvelles menaces pour l'intégrité morale et physique interpellent les pouvoirs publics et supposent d'armer nos services publics (école, justice, police…) pour y faire face, d'un point de vue légal mais aussi humain : plus d'agents dédiés et formés, et une très forte présence en ligne de la puissance publique.

Nous assistons déjà à des usurpations d'identité, des messages et vidéos de déstabilisation, des faux sites, des intermédiaires payants promettant de faciliter ou d'accélérer l'accès à un service. Cette délinquance d'un nouveau genre joue sur la confiance accordée aux institutions, la peur de perdre des droits ou d'être sanctionné pour ne pas avoir réalisé la bonne formalité.

Armer la puissance publique

Nous ne devons pas mésestimer le risque démocratique qui pourrait croître d'une généralisation des technologies algorithmiques, que nous acceptons déjà difficilement, comme en attestent les réactions face au système de sélection Parcoursup. La défenseure des droits met en garde contre le risque de perte de contrôle, en appelant à un « droit à l'explication » pour toutes les décisions administratives individuelles partiellement et entièrement automatisées[1], par extension du cadre européen existant.

1. « Algorithmes, systèmes d'IA et services publics : quels droits pour les usagers ? Points de vigilance et recommandations », Défenseur des droits, 2024.

Serions-nous prêts à ce que nos agents publics se comportent comme des robots (si ce n'est déjà la pente qui a été prise) ? Aspirons-nous à ce que les robots remplacent nos agents publics ? Il est vital de clarifier collectivement ce que nous attendons concrètement de nos services et agents publics.

Les cours en visio ont montré leurs limites pendant les confinements en 2020. Pourtant, certains poussent à son développement pour gagner du temps et des distances, par exemple pour les audiences de prisonniers par des magistrats ou pour l'exercice de la télémédecine. Nos droits sont-ils aussi bien garantis à distance ? L'interaction physique humaine n'a-t-elle aucun impact sur la qualité de la prise en charge ?

Le directeur de recherche en sociologie au CNRS Didier Demazière a travaillé sur le service public de l'emploi[1] : « Les conditions de travail des conseillers ont changé, de sorte que la formation des recrues est désormais axée sur l'utilisation des interfaces informatiques et outils numériques quand elle était auparavant centrée sur la relation avec les chômeurs. »

La technologie porte en germes des risques liés au désapprentissage, à la perte de compétences des humains et de contrôle sur les règles et les process : qui maîtrise le code ? qui est capable de faire la pédagogie aux citoyennes et citoyens ? qui conçoit et qui décide ? Nous pourrions bien déboucher sur une société de type véritablement kafkaïenne, où plus personne ne saurait ce qui lui est reproché, ni à quelle procédure de recours se raccrocher.

1. Didier Demazière, « Dire "oui" ou "non" à l'ordinateur. Retour sur la numérisation du service public de l'emploi », Sciences Po, Laboratoire interdisciplinaire d'évaluation des politiques publiques, 2023.

Qui pour garantir le respect du principe de neutralité au cœur de l'ADN des services publics, quand nous savons désormais que les technologies reproduisent, parfois à grande échelle, de nombreux biais, à commencer par des biais de genre, classistes et racistes[1] ?

La politologue américaine Virginia Eubanks nous alertait déjà en 2018 sur « l'automatisation des inégalités » permise par la mobilisation des algorithmes aux États-Unis dans l'organisation et l'accès aux services publics[2]. En 2023, une polémique avait ainsi éclaté en France, la CAF ayant été accusée de cibler les plus précaires à travers les techniques algorithmiques pour lutter contre les fraudes éventuelles[3]. Le développement de l'IA nécessite donc de penser la justice algorithmique.

Les exclus du numérique pourraient être encore plus nombreux à l'avenir si nous n'arrivons pas à corriger ces biais originels. Il ne faut pas mésestimer l'influence des concepteurs d'IA, qui appartiennent aux couches privilégiées de la société, avec un certain rapport au monde. Quand vous cherchez à tout optimiser dans votre existence, y compris votre tenue vestimentaire, êtes-vous sensible aux enjeux d'accessibilité universelle aux services publics, notamment pour les plus précaires ? Or là se situe précisément l'essence universaliste de

1. Rémy Demichelis, *L'Intelligence artificielle, ses biais et les nôtres - Pourquoi la machine réveille nos démons*, Paris, Éditions du Faubourg, 2024.

2. Virginia Eubanks, « Automating Inequality : How High-Tech Tools Profile, Police, and Punish the Poor », New-York, St. Martin's Press, 2018.

3. Gabriel Geiger (Lighthouse Reports), Soizic Pénicaud (Lighthouse Reports), Manon Romain et Adrien Sénécat, « Profilage et discriminations : enquête sur les dérives de l'algorithme des caisses d'allocations familiales », *Le Monde*, 4 décembre 2023.

l'action publique. Yann Ferguson nous met aussi en garde : si les entrepreneurs de la tech comme Elon Musk ont réussi, c'est parce qu'ils ont beaucoup échoué avant. Mais on n'a pas le droit à l'erreur quand il s'agit d'humain. Et ça fait toute la différence. Une fusée qui explose, ce n'est pas la même chose qu'un humain détruit.

L'IA rebat déjà considérablement la carte des pouvoirs et des concepteurs des dispositifs publics. Celui qui maîtrise la technologie détient le pouvoir. L'utilisation massive de l'IA pourrait aggraver la tendance « boîte noire » des administrations et ainsi la défiance à l'égard des institutions : « impossible de savoir où ça bloque » ! Le rapport à l'État devrait à nouveau s'en trouver profondément bouleversé. Les agents publics eux-mêmes pourraient se sentir dépossédés de leur liberté d'action, d'initiative, d'intermédiaires auprès de la population si nous ne pensons pas correctement ce nouvel éco-système.

L'indispensable planification numérique

Nous aurons sans cesse besoin d'adapter l'arsenal législatif au niveau européen et national tout autant que le rapport de forces avec les grands acteurs privés du secteur numérique, sans empêcher l'initiative.

Certaines dérives potentielles apparaissent plus évidentes que d'autres. C'est le cas par exemple des technologies prédictives utilisées par les autorités (police, justice…) pour identifier les individus dans l'espace public, et qui sont interdites chez nous compte tenu du risque démocratique qu'elles font peser sur les citoyens.

Il devient donc essentiel d'intégrer une techno-critique bienvenue au sein de la pensée et de l'action publiques. Il nous faut aussi pouvoir internaliser d'indispensables compétences au sein de nos administrations, bien évidemment des spécialistes de la data, des codeurs, des data scientist… mais aussi développer massivement les formations de l'ensemble des décideurs et agents publics aux bons usages de l'IA. Il s'agira pour les administrations de limiter la dépendance aux acteurs privés et de diversifier les profils des professionnels pour réduire les biais. Cela suppose de travailler très en amont de la chaîne, en orientant les filles et les classes populaires vers les cursus adéquats dès le lycée, alors même que la réforme des options au lycée portée par le ministre de l'Éducation nationale Jean-Michel Blanquer a réduit l'accès des filles aux options scientifiques. Mais « qui aurait pu prédire » encore une fois ?

Il y a, malgré tout, urgence. Comment ne pas alimenter encore davantage l'impuissance publique, et lui redonner au contraire des leviers d'action ?

Comme ce fut le cas pour d'autres technologies de rupture comme l'automobile et l'électricité, nous devons en passer par la planification, d'autant que les gains de productivité resteront probablement marginaux en première phase. L'IA coûte plus qu'elle ne rapporte, au moins à court terme, et nombre de projets d'IA échouent.

La commission de l'intelligence artificielle propose ainsi quatre axes pour favoriser la maîtrise publique sur l'IA : « clarifier les objectifs et la répartition des rôles entre services publics et fournisseurs privés », « mutualiser des investissements dans l'IA », « renforcer la capacité de pilotage et d'exécution » et enfin « donner aux agents et citoyens les moyens de s'impliquer dans cette transformation[1] ».

De son côté, le spécialiste de la donnée Jacques Priol, qui a notamment accompagné la première convention citoyenne sur l'IA à Montpellier, identifie plusieurs critères pour déployer des IA en confiance au service de l'intérêt général. L'essentiel

1. « IA : notre ambition pour la France », rapport cité, p. 78.

est de « garder la main », ce qui suppose une organisation et des outils pour garantir « la réalité de la supervision humaine et la possibilité de corriger le système en cas d'erreur », pour être capable de mesurer et de contrôler « l'impact environnemental » ou encore de permettre « l'acceptabilité professionnelle[1] ».

Mais à l'heure où l'on interroge la place des écrans et des interactions numériques dans nos vies, nous devrions aussi nous demander si le rôle de nos institutions doit être de nous inciter à l'utilisation toujours plus généralisée des technologies, ou au contraire d'offrir des alternatives, voire les bannir de certains espaces et usages, notamment pour préserver les plus jeunes. Il nous faut à tout le moins intégrer un principe de réversibilité de l'usage des technologies et la plasticité de nos modes d'action pour conserver la capacité à faire sans, et préserver la souveraineté publique, en ayant en tête que « le secteur public n'est pas en retard par rapport au privé » en matière d'IA[2].

L'IA ne sera que ce que nous déciderons d'en faire collectivement.

Il serait enfin temps que tous les responsables politiques se saisissent intelligemment du sujet, sans en faire prioritairement un sujet d'économies budgétaires et de suppression de postes de fonctionnaires… qui ne sera qu'une nouvelle désillusion, avec de nombreux contre-bénéfices en chemin. Ce qu'il faut viser, c'est la qualité au service de la relation de service public. La frénésie techno-solutionniste défiante à l'égard des humains et des institutions est une dangereuse impasse. Mais

1. « Note de conjoncture Data, intelligence artificielle et cybersécurité dans les territoires », La Poste Groupe, Banque des Territoires, 2024, p. 62.
2. Propos tenus par Jacques Priol lors des débats de l'IA le 7 janvier 2025 à Nantes.

une IA bien entraînée serait peut-être plus précautionneuse des deniers publics et soucieuse de l'intérêt général que certaines pratiques politiques, qui sait ?

La juste contribution

Lors de mes enquêtes, plusieurs expériences partagées ont fait référence au coût de prise en charge des services rendus :

> « Les soins prodigués à ma fille qui lui ont permis de lui sauver la vie sans que nous ayons à payer. »
> « Le fait de pouvoir aller gratuitement à des cinémas sonores à Radio France. »
> « Permettre à ma fille de pouvoir faire de la gymnastique pour 45 € l'année grâce à la mairie. »
> « Mon université m'a donné un ordinateur portable pour mes cours. Ça m'a sauvé la vie. »

Nous touchons là un sujet fondamental en démocratie : celui du consentement à la contribution commune. Outre les impôts, taxes et emprunts, les biens communs sont aussi financés par d'autres mécanismes de tarification qu'il convient d'interroger.

Or, notre système de tarification remet actuellement en cause le principe de solidarité selon lequel « chacun contribue selon ses moyens et reçoit selon ses besoins ».

C'est ainsi par exemple que le modèle des micro-crèches, déployé à la va-vite pour couvrir rapidement les besoins de modes de garde pour les parents, débouche sur « un effet d'éviction entre micro-crèches Paje et autres crèches, qu'aucun pilotage national ou local ne contrebalance à l'heure actuelle ». Ce mode de financement concernait, en 2021, 87 % des micro-crèches, alors qu'elles « sont le mode d'accueil collectif le plus coûteux pour les familles, avec des restes à charge défavorables aux familles les plus modestes, ainsi que pour la branche famille[1] ».

De la même manière, si 96 % de la population est aujourd'hui couverte par une complémentaire santé, « l'absence de complémentaire santé est plus fréquente parmi les personnes les plus précaires. Elle concerne 12 % des personnes de 15 ans ou plus appartenant au premier dixième de niveau de vie, et concerne davantage les retraités modestes et les chômeurs[2]. »

C'est notamment l'une des raisons d'être du dispositif du « 100 % Santé » mis en place depuis le 1er janvier 2021, qui permet aux Français bénéficiant d'une complémentaire santé responsable ou de la complémentaire santé solidaire d'accéder à des soins et des équipements en audiologie, optique et dentaire pris en charge à 100 %. Pour autant, certains ont tendance à considérer que ce type de dispositif alimente le syndrome de « l'effet de seuil » ou du « c'est pas pour nous » ou encore du « on paie pour les autres », particulièrement ressenti du côté des classes moyennes. Rappelons malgré tout que la France est l'un des pays où le reste à charge des ménages en santé est le plus faible, s'élevant à 8,7 % de la dépense courante de santé, 80 % de la dépense étant assurés par les administrations publiques[3].

Au-delà des utilisateurs finaux, le coût des dépenses de santé pose la question des producteurs, des fournisseurs et

---

1. « Micro-crèches : modèles de financement et qualité d'accueil », rapport conjoint IGAS et IGF, janvier 2024 ».
2. Aude Lapinte, Catherine Pollak et Rosalinda Solotareff (dir.), « La complémentaire santé : acteurs, bénéficiaires, garanties » Panoramas de la DREES, 2024.
3. « Résultats des comptes de la santé », Panoramas de la DREES, 2023.

des prescripteurs de biens et services, en particulier l'industrie pharmaceutique et les professionnels de santé. Dans ce domaine comme sur l'ensemble des dépenses publiques et privées, la régulation en amont des prix de marchés (alimentaire, énergétique…) est une condition préalable à la juste répartition des richesses et des contributions au fonctionnement de notre société.

Qui doit payer quoi et dans quel objectif ?

Mettre en résonance contribution citoyenne et objectifs politiques

La tarification répond à l'exigence de financer des biens et des services. Mais elle doit également contribuer à guider les comportements, inciter aux actions vertueuses pour le bien collectif, désinciter ou sanctionner les postures nocives.

Nos systèmes de financement ne sont pas toujours adaptés pour répondre à ce double impératif, à l'image des modalités de facturation de l'eau et des déchets, qui reposent encore largement sur la consommation, alors que nous devrions en réguler les usages en amont. Certaines expérimentations méritent d'être regardées de près, comme la tarification saisonnière de l'eau à Toulouse, ou la tarification différenciée en fonction du statut du consommateur (résidences secondaires ou de tourisme, industries…).

Depuis longtemps, les services publics ont développé des politiques tarifaires tenant compte de la situation sociale des bénéficiaires. Pour autant, ces systèmes restent encore aveugles à d'autres enjeux de justice, par exemple dans le cas des familles avec un parent isolé. C'est le cas de Dorothée, qui payait la cantine 2 euros dans une commune, puis 6 euros dans une autre commune où elle avait dû emménager pour se rapprocher de son ex-conjoint, sans que la pension alimentaire n'ait été révisée en conséquence.

La puissance publique tente également de sanctionner les comportements d'incivisme, à l'image des rendez-vous non honorés, par l'instauration de « taxes lapins » qui pénalisent financièrement les usagers et les usagères qui ne se présentent pas aux rendez-vous médicaux ou administratifs, ou qui viennent récupérer leurs enfants après les heures prévues à la garderie ou à la crèche par exemple. Pour autant, certaines expériences montrent que les usagers ont tendance à intégrer le coût acceptable, et donc à s'autoriser certains comportements (absence d'annulation, retards...), du fait même de cette tarification, là où le respect de la norme sociale, des professionnels et de l'institution suffisait auparavant. Considérer l'être humain comme un consommateur rationnel, c'est l'inciter à se comporter comme un consommateur rationnel, avec sa propre rationalité, qui n'est pas forcément celle anticipée par l'institution.

La place de l'initiative privée doit aussi être posée, quand des services publics (hôpitaux, universités...) recourent à des mécènes privés pour financer des actions, des projets, du matériel : est-il souhaitable que des interventions publiques soient financées par la philanthropie et la charité ? et si oui, lesquelles, dans quelles proportions et à quelles conditions, si l'on veut éviter que celles et ceux qui ont plus de moyens accaparent la capacité à agir sur notre destin collectif (tout en défiscalisant leurs dons) ? Le financement des biens et services publics est d'abord une question démocratique.

La gratuité est-elle l'avenir ?

Nous assistons ces dernières années à un regain d'intérêt pour la gratuité de certains services tarifés, comme à Montpellier, avec la gratuité des transports en commun ou des premiers mètres cubes d'eau.

La gratuité active un imaginaire fondé sur l'universalité de l'accès à un service. Elle n'est pas sans interroger la fabrique de l'invisibilisation de la contribution (quand je paie, je prends conscience directement du coût du service, même si ce n'est qu'une partie du coût réel) ou notre conception de la justice (certains ont les moyens de payer et sont exonérés comme les autres), tout comme le modèle économique sur lequel repose le financement des services publics (comment garantir la qualité et les investissements à long terme ?) Elle ne permet pas non plus de lever toutes les barrières à l'accès au service, qui ne sont pas que tarifaires, mais elle a l'immense vertu d'en lever d'importantes et de renouveler l'approche.

En région Occitanie, c'est la gratuité d'usage qui est explorée, avec le déclenchement de la gratuité à partir d'un certain nombre de voyages en train ou en car liO (à partir du 11e trajet), grâce au dispositif « + = 0 », pour récompenser la fidélité et les comportements vertueux.

Ces innovations locales ne sont pas sans rappeler le projet municipal de la ville de Louviers dans la deuxième moitié du xxe siècle, organisé autour du concept de liberté, « information libre », « expression libre », « écoles ouvertes », « entrée libre » pour l'accès aux services publics municipaux, y compris les lieux culturels[1].

Et si la gratuité, c'était la liberté ? Cette liberté pourrait être rendue possible par la contribution de chacune et de chacun au bien commun à la hauteur réelle de ses moyens, justement redistribués par la puissance publique.

D'autres formes de contribution au bien commun existent ou sont à construire, à côté de la contribution fiscale. Le civisme se construit d'abord dans la relation à l'autre.

1. Hélène Hatzfeld, *La politique à la ville. Inventions citoyennes à Louviers (1965-1983)*, Rennes, PUR, 2018.

Cynthia Fleury nous invite ainsi à inventer un consentement du corps impliqué[1]. L'engagement est une forme de gratuité citoyenne.

Les employeurs doivent aussi prendre leur part pour libérer du temps au service du bien commun, en dédiant quelques heures ou quelques jours par semaine, par mois ou par année à des missions d'intérêt général, grâce par exemple à la mise en place de la semaine en quatre jours, ou en généralisant les possibilités de mécénat de compétences.

Nous devons par ailleurs imaginer d'autres formes de restauration que celles actuellement dominantes, en complément, et non en remplacement, des sanctions financières et des peines d'emprisonnement : de véritables obligations de soins ou de suivi de formations, la réparation à l'identique des écosystèmes abîmés, ou encore, lorsque cela est pertinent, la justice restaurative, une pratique mise en lumière en 2023 dans le film de Jeanne Herry, *Je verrai toujours vos visages*.

Et si le temps citoyen, aujourd'hui sous et mal mobilisé, était notre plus grande richesse ?

---

1. Cynthia Fleury, *La clinique de la dignité*, Paris, Seuil, 2023.

Prolongements.
La suite de l'aventure se passe en ligne !

L'objectif de cet essai est de clarifier le diagnostic, de démystifier certaines idées reçues, de poser des priorités, dans une vision d'ensemble.

Mais cela ne suffira pas.

Nous avons aussi besoin de solutions opérationnelles, d'une nouvelle méthode pour changer de pratiques politiques, de récits qui permettent de nous projeter dans autre chose, d'exemples concrets qui nous font voir le potentiel déjà offert par le cadre existant. Nous devons repenser la place que chacun et chacune pourrait prendre dans une nouvelle approche de l'action publique, qui fasse davantage de place à l'initiative citoyenne, associative, de l'économie sociale et solidaire et des entreprises, dans un cadre régulé par la puissance publique.

C'est tout le sens de la démarche nouvelle que nous lançons avec la Fondation Jean-Jaurès à travers un prolongement à cet essai, que nous soumettons au débat public : une méthode démocratique, 18 propositions, 5 scénarios prospectifs. Le tout est à retrouver en détail sur le site de la Fondation Jean-Jaurès.

Vous y découvrirez des possibilités de contribuer vous-mêmes, en virtuel, ou en réel. Pour faire de ce grand projet de société une aventure collective. Je vous donne rendez-vous en 2026 pour la restitution de nos échanges.

Retrouvez ces propositions et scénarios en ligne
sur le site de la Fondation Jean-Jaurès.

18 propositions mises en débat

Pour retrouver la souveraineté publique :

Préserver l'agentivité publique, instaurer le compagnonnage public

Qui détient l'expertise, détient le pouvoir. Il nous faut donc préserver la compétence et la capacité de décision à l'intérieur de nos organisations publiques.

Déplacer la dépense

La situation de nos finances publiques nous oblige à changer de paradigme et à déployer la bonne méthode pour atténuer, réorienter ou arrêter certaines dépenses, mais aussi préciser ce que nous attendons de nos agents et services publics.

Changer la boussole

Notre action publique navigue souvent à vue et régulièrement dans la mauvaise direction. Les indicateurs et les outils de la puissance publique doivent donc être renouvelés.

Pour fabriquer l'attention publique :

Inventer la simplexité administrative

Face à la complexité de notre système social, et aux impasses des politiques de « simplification » administrative, nous devons inventer une approche qui mise davantage sur l'intelligence humaine que sur les process.

Développer le profilage public

Pour rendre plus ciblée et efficace notre action collective, nous avons besoin de mieux connaître les besoins et mieux appréhender les comportements humains, en prenant du recul par rapport à nos certitudes et nos préjugés.

Concevoir des parcours attentionnés

L'attention devrait être la première priorité et la première ressource mobilisées par nos institutions publiques. Elle doit prendre la forme de parcours individualisés tout au long de la vie, en misant davantage sur une approche préventive et globale que sur des approches curatives et cloisonnées.

Pour créer des services publics de l'hygiène numérique :

Éduquer au numérique

Nous restons toutes et tous collectivement des illettrés face aux technologies et usages numériques. Les pouvoirs publics doivent donc armer chacune et chacun d'entre nous tout au long de la vie.

Outiller la police du numérique

Le danger est aujourd'hui en ligne. Cela doit questionner nos cadres d'intervention et les moyens publics qui y sont dédiés, en particulier dans la police et la justice.

Faire sans

Le numérique étend rapidement sa toile sur l'ensemble de la vie sociale, dans nos espaces publics et intimes. La puissance publique ne saurait se limiter à suivre le mouvement. Nous devons apprendre à nous passer des nouvelles technologies.

Pour lancer un MeToo *des services publics :*

Prendre la mesure du problème

Le déni et les cultures virilistes continuent d'alimenter la machine administrative, expliquant pour beaucoup notre incapacité collective à lutter efficacement contre toutes les formes de violences sexuelles et sexistes.

Dégenrer l'action publique

Le secteur public est encore loin d'être exemplaire dans ses modes de fonctionnement et dans les politiques publiques qu'il déploie, qui maintiennent, voire renforcent, certaines inégalités de genre.

Mettre un terme aux maltraitances institutionnelles

Au-delà des moyens supplémentaires que nous devons dédier, rien ne sera possible sans une remise en cause profonde des pratiques professionnelles quotidiennes de nos organisations publiques, et sans se donner collectivement la priorité de changer nos services publics de l'intérieur, pour ne pas rajouter du mal au mal.

Pour imaginer des services publics communs :

Réparer le monde

À rebours des logiques d'optimisation et d'expansion, nous devons désormais favoriser les logiques de réemploi, faire avec l'existant, accompagner les changements dans la vie de chacune et chacun.

Intégrer les nouveaux besoins

Nos structures publiques doivent reprendre la main sur nos besoins essentiels, l'eau, l'énergie, les transports, l'alimentation, les infrastructures… de nouveaux métiers sont à construire, des règles sont à édicter et faire respecter.

Faire place au vivant

Les autres êtres vivants peuvent devenir des alliés pour mieux prendre en charge nos problèmes publics, à condition d'être en capacité de les décrypter, les protéger, et les intégrer dans nos processus décisionnels.

Pour rendre possible la coopérative publique :

Systématiser la subsidiarité

Un autre État est à inventer. Le chantier décentralisateur doit abandonner les logiques de compétences au profit des logiques de partenariat, entre acteurs publics, mais surtout avec le reste de la société, pour favoriser l'initiative et la responsabilité de chacune et de chacun, en traitant chaque sujet au bon niveau et avec les ressources disponibles.

Démocratiser la société

Pour refonder notre action publique, nous avons besoin d'intégrer les citoyennes et les citoyens au cœur du réacteur, leur permettre de voir, comprendre, évaluer, agir, en toute connaissance de cause, et en leur donnant les moyens nécessaires.

Miser sur l'influence publique

Nous avons à réinventer l'imaginaire public pour le rendre désirable et le remettre au cœur du contrat social. Des individus s'engagent déjà. Nous pouvons leur donner plus de force et d'écho, pour restaurer l'envie de services publics.

Émilie Agnoux

5 scénarios d'anticipation pour se projeter dans le futur

Retrouvez les cinq personnages Tim, Mehdi, Adèle, Jordan et Kenza qui expérimentent différentes organisations sociales venant questionner la place de l'individu et du collectif, du privé et du public, du numérique et de l'humain, des institutions et des citoyens…

Laissez-vous emporter par les cinq histoires contées, et imaginez vous-même à quoi pourrait ressembler notre société dans 5, 10, 20, 30, 40 ou 50 ans… car le monde de demain s'écrit déjà aujourd'hui.

Cinq modèles vous sont proposés en ligne. Vous pouvez les mélanger, les réfuter, les projeter, et en inventer de nouveaux :

Le modèle des archipels.
Le modèle du monopole public universel.
Le modèle du service public-privé.
Le modèle libéral-national-autoritaire.
Le modèle de la relation attentionnée.

À travers ce cheminement, vous découvrirez ainsi des propositions très concrètes, le plus souvent à cadre législatif constant, avec des métiers publics à inventer (hackers publics, artisans publics, profilers publics, diplomates du vivant…) et de nouvelles formes d'action publique à fabriquer (« prompt » de l'action publique, itinéraires citoyens, sentinelles publiques, volontaires de la sécurité numérique, service public du vivant, influenceurs publics…)

Ceux qui veulent la fin ou l'asservissement de l'État sont déjà à l'œuvre.

À nous maintenant de proposer un autre chemin et de bâtir de nouvelles espérances autour d'une *puissance publique* réinventée.

Conclusion

> « Chaque génération, sans doute, se croit vouée à refaire le monde. La mienne sait pourtant qu'elle ne le refera pas. Mais sa tâche est peut-être plus grande. Elle consiste à empêcher que le monde se défasse. »
>
> Albert Camus

Septembre 2024, la Fondation du patrimoine vient de récolter en un an 11,7 millions d'euros pour restaurer les édifices religieux dans les petites communes de métropole et d'outre-mer. Les généreux donateurs ont pu bénéficier d'un dispositif d'exonération fiscale. Les Françaises et les Français restent donc attachés à leur patrimoine, a fortiori si on les incite à y contribuer.

Le sursaut n'est-il pas trop tardif? Les montants récoltés sont en tout cas bien en deçà des sommes qui seraient nécessaires pour sauver ce patrimoine historique, architectural, culturel, bien loin des ambitions initialement affichées. À tort ou à raison, tous nos édifices ne font pas l'objet de la même attention que la cathédrale Notre-Dame de Paris. Mais l'espoir n'est pas mort. Des élus locaux s'activent, des fonds sont mobilisés, des citoyens et des citoyennes s'organisent pour restaurer, faire vivre et transformer ces lieux, qui deviennent aussi des espaces de concerts, d'expositions, de retrouvailles…

Nos services publics ne sont-ils pas nos cathédrales contemporaines ? Ils méritent bien la mobilisation exceptionnelle de tout un pays. Mais comment remettre la puissance publique « au milieu du village », « au milieu du quartier », au « milieu de nos vies » ?

Il en va de nos services publics comme du réchauffement climatique : les alertes n'ont pas été entendues et nous payons le prix de nos errements. Mais il n'est pas trop tard pour agir, à condition de changer de direction.

Face à la menace existentielle qui plane au-dessus de notre modèle social, la puissance publique doit organiser les ressources et maîtriser les rapports de force. Au-delà des moyens, il nous faut questionner la qualité, la mixité, l'organisation, les règles du jeu, les indicateurs, les capacités citoyennes pour accéder aux services et participer à l'intérêt général.

Conforter le premier niveau d'entrée. Renouer avec l'approche territoriale. Donner le pouvoir à celles et ceux qui vivent et qui font. Favoriser les coalitions publiques et citoyennes. Remettre les intérêts privés à leur place. Faire attention les uns aux autres. Donner une place au vivant. Revoir nos grilles de lecture. Mener la bataille à toutes les échelles, du local au national, en passant par l'Union européenne. Élargir notre approche des services publics à tous les services d'intérêt général.

Quand certains proposent d'amputer l'État, nous devons offrir une autre perspective, et débusquer la supercherie des « sauveurs » qui sont en réalité des « fossoyeurs ».

La complexité est inhérente à nos sociétés. La puissance publique est une réductrice d'incertitudes. Elle rééquilibre les pouvoirs et redistribue les capacités de maîtrise sur nos existences. L'analyse méticuleuse de la réalité tend à faire apparaître une ruse du libre marché qui, lorsqu'il n'est pas régulé, désorganise davantage nos sociétés par ses initiatives désordonnées en matière d'éducation, de santé, de prise en charge des aînés comme des tout-petits, de transport… La promesse de « moins cher » se paie en réalité très cher. Qui est David et qui est Goliath ?

Qui aurait pu prédire que concentrer toutes les contraintes d'égalité d'accès à la santé sur l'hôpital public conduirait à le condamner ? Qui aurait pu prédire qu'en laissant librement des médecins s'installer là où ils le souhaitent, nous aurions généré des déserts médicaux ? Qui aurait pu prédire que dans tous les secteurs, le privé lucratif allait choisir ses publics et ses propres intérêts ? Et si, avant de s'en prendre aux agents publics, on demandait des comptes à d'autres acteurs, qu'ils aient encouragé, qu'ils en aient profité ou qu'ils promeuvent encore ce système mortifère ?

Le « millefeuille », les recrutements, la « bureaucratie », l'initiative, n'apparaissent comme un problème que lorsqu'ils sont à l'initiative du secteur public. Le rapport s'est inversé : nous sommes devenus obsédés par le contrôle des institutions publiques, mais aussi particulièrement tolérants à l'égard des jeux non coopératifs d'acteurs privés lucratifs, à l'origine de l'engorgement de nos services publics, auxquels nous demandons d'assumer les conséquences de stratégies d'enrichissement personnel. Nous tolérons aussi des comportements individuels, à l'image des comportements virilistes et destructeurs, qui coûtent vraiment « un pognon de dingue » à la société dans son ensemble.

Comment replacer légitimement la puissance publique au centre du système ?

Nous ne pouvons pas penser son principal instrument, le service public, sans le repositionner au creuset de la société : ni écrasant et dépossédant à l'égard des citoyennes et des citoyens, ni soumis aux forces du marché. Ce n'est pas qu'une question de volontarisme politique, de moyens ou de logistique administrative. C'est d'abord un sujet de pratiques de transformation économique et sociale. Réorienter, outiller, prioriser, gouverner, arbitrer, former, mesurer différemment. Rendre visible l'invisible et dire l'indicible. Prendre en considération le temps long.

Les services publics font partie de ces sujets où les biais de sur-confiance et de confirmation jouent à plein. Beaucoup dressent des analyses et propositions sur la chose sans vraiment la maîtriser, à partir de quelques données macro-économiques, ou à l'inverse de leur seule expérience personnelle. La confusion est générale entre l'inaptitude présumée des institutions publiques à prendre en charge des problèmes ou des besoins d'un côté, et des choix ou des pratiques politiques qui n'y répondent pas, les aggravent, voire en créent de nouveaux de l'autre côté. Notre débat public ne distingue pas l'outil des usages qui en sont faits.

D'utopie il y a plus de deux siècles, les services publics ont pu devenir réalité, replaçant l'intérêt du plus grand nombre à l'épicentre des préoccupations politiques. De sanctuaires, nous devons en faire des lieux ouverts : dévoiler la boîte noire, montrer ce qui se fait de bien, expliquer les mécaniques, référencer ce qui doit être préservé, anticiper les risques de pertes, construire le monde qui vient.

En 1940, l'historien Marc Bloch, qui deviendra résistant, avant de le payer de sa vie, avait analysé les causes de l'*Étrange Défaite* de la France : « Nos chefs ne se sont pas seulement laissé battre, ils ont estimé très tôt naturel d'être battus. »

Nous n'avons pas encore tout essayé pour réinventer notre modèle. D'autres voies restent encore à explorer. D'autres batailles restent à livrer. D'autres récits restent à écrire. D'autres forces restent à activer. Un autre leadership public est possible.

Et si nous repensions d'abord l'articulation des temps de vie pour permettre à chacune et à chacun d'avoir une véritable liberté de choix et d'action ? Prendre soin de son jeune enfant, de ses parents âgés, de sa conjointe malade, de son voisin en perte d'autonomie, de son quartier, de sa commune, de son pays, de la planète, c'est aussi un service d'intérêt public que chacune et chacun peut rendre à la société et se rendre à soi-même.

Remerciements

Aux éditions de l'Aube, à Manon Viard, Marie Boggio, Léa Hervé… qui m'ont fait confiance et permis de réaliser ce projet.

À la Fondation Jean Jaurès, à Jérémie Peltier, Amandine Clavaud, Laurent Cohen, Eugénie Arnaud, Aline Grange…, qui m'ont accompagnée avec bienveillance.

À toutes les personnes qui ont accepté de s'entretenir avec moi spécialement pour la rédaction de cet essai : Anne Rosencher, Simon Moulines, Domitien Détrie, Godefroy Beauvallet, Pascal Riché, Nicolas Portolan, Stéphane Junique, Rémi Lefebvre, Mylène Jacquot, Rémi Salomon, Éric Belouin, Wilfried Demaret, Anicet Le Pors, Romain Beaucher, Christian Paul, Dorothée Noël, Mathieu Monthéard, David Medioni, Thomas Cottinet, Anne-Ségolène Goumarre.

À mes relecteurs de dernière minute Guillaume Duval, Jacques Priol et Philippe Laporte.

À Dominique Hennebaut et à son talent d'illustrateur, qui a su traduire en couverture avec justesse l'intention de ma démarche.

Aux plus de cinq cents personnes qui ont eu la gentillesse de donner de leur temps ces deux dernières années pour partager leurs expériences sur de nombreux sujets abordés ici.

À mes camarades et amis co-fondateurs du think tank Le Sens du service public : Johan Theuret, Noam Leandri, Ludovic Grousset, Jérôme Lesavre, Léonore Belghiti, Bastien Taloc, Laure de La Bretèche, François Thomazeau, Matthieu Girier, Delphine Cervelle, France Burgy, Alexis Masse et Vincent Dubail.

À mes collègues avec lesquels j'ai eu le bonheur de travailler depuis plus de dix ans, mais aussi aux usagers et aux usagères rencontrés.

Enfin, à mes amis et amies, à ma famille, et à lui, qui m'ont soutenue dans cette aventure.

MERCI ! MERCI ! MERCI.

Les analyses et les propositions de cet essai sont miennes et n'engagent que leur autrice. Place au débat !

Table des matières

Reconnue d'utilité publique dès sa création, la Fondation Jean-Jaurès est la première des fondations politiques françaises. Elle est présidée par Jean-Marc Ayrault. Indépendante, européenne et social-démocrate, elle se veut depuis plus de trente ans un lieu de réflexion, de dialogue et d'anticipation. Les partenariats éditoriaux qu'elle engage répondent à l'ambition de faire naître analyses pertinentes et propositions audacieuses, mais aussi de mettre cette production intellectuelle et politique au service de tous. Laurent Cohen et Jérémie Peltier en sont les directeurs des publications.

Pour limiter l'empreinte environnementale de leurs livres,
les éditions de l'Aube font le choix de papiers
issus de forêts durablement gérées et de sources contrôlées.

Achevé d'imprimer en mars 2025
sur les presses de l'imprimerie Firmin-Didot
pour le compte des éditions de l'Aube
331, rue Amédée-Giniès, F-84240 La Tour-d'Aigues

Numéro d'édition: 6561
Dépôt légal: avril 2025
Numéro d'impression: 183549

Imprimé en France